낳고 낳고 낳고

김수태 지음

KB192728

북랩

자녀 생산의 심각한 문제가 대한민국에 발생했다. OECD 국가 중 출생률이 가장 낮고, 2023년 기준 합계 출산율이 0.72명이라 한다.

14세기 유럽에서 흑사병이라는 전염병이 발생했을 때보다도 한국의 출산율이 더 낮아지고 있다고 한다. 이리 되면 한국은 이 지구상에서 소멸될 것이라고 뉴스들은 대서특필하고 있다. 이처럼 심각한 인구감소 상황에서 우리는 어떠한 정책으로 이 심각한 문제를 극복할 수가 있을까?

두 가지의 정책을 실시하여 상호 보완해야 효과적일 수 있다.

첫째로 현재 정부가 필사적으로 실행하고 있는 정책을 효과적으로 실행해야 한다.

정부가 현재 시행하고 있는 정책 중 자녀 생산에 대하여 다양한 지원책이 준비되고 있다. 2024년도에 15조 4천억 원의 예산이 책정되어 다양한 지원책을 실시하고 있다.

둘째로 자녀 생산에 대한 근본적인 문제를 다루어야 한다. 지원책만으로는 근본적인 해결책이 될 수 없기 때문이다. 즉, 청년들로 하여금 자녀를 낳아야 할 이유를 알게 하는 것이다.

자신이 이 땅에 와서 해야 할 일 중에 가장 중요한 일이 바로 자녀를 생산하는 일임을 알게 해야 한다. 청년들이 확신이 들면 그 어떠한 어려움에도 불구하고 자녀를 생산하는 데 힘쓸 것이다. 그러나 자신이 확신을 하지 아니하면 다양한 혜택에도 불구하고 자녀 생산에 소극적이 되고 마는 것이다. 그러므로 왜 자녀를 낳아야 하는지를 알게 하고 확신시켜야 한다.

이는 근본적인 치료 방법이다. 그러려면 강사들을 길러서 전국에 강연을 해야 한다. 방송과 신문 등에 노출시켜야 한다. 중·고등학교, 대학, 군대, 교회, 회사 등 젊은이들이 모이는 곳에서 열렬히 그 이유를 설명해야 한다. 감동을 받은 젊은이들은 그들 스스로 해낼 것이다. 왜 자녀를 생산해야 하는지 이유를 알기에 그 일을 해낼 것이다. 그 근본적인 치료는 외면한 채 지원책에만 관심을 두기에 문제 해결의 근본적인 방법에서 벗어나고 있는 것이다.

　미국 MLB 무대를 한 번도 밟아보지 못한 19세의 청년이 1,067억 달러 계약의 주인공이 되었다고 한다. 베네수엘라 출신의 외야수 '잭슨 추리오'에 대한 뉴스다. 대단한 일이 아닌가?
　그 부모는 19년을 기른 자녀가 세계를 들썩이게 하는 주인공이 되었음에 얼마나 감격스러울 것인가? 이러한 뉴스는 그 자녀가 이 땅에 태어났기에 가능한 뉴스다.

자녀를 낳아서 그 자녀가 어떠한 사람이 될지를 꿈꾸어 보라. 얼마나 신나는 일인가!

필자는 이제 두 번째 정책을 이 책에서 주장하고자 한다. 왜 자녀를 낳아야 하는지 그 이유를 조목조목 증거할 것이다. 그리하여 자녀 생산이 얼마나 소중한 일인가를 알게 할 것이다. 그리고 그 일을 어떻게 실행할 것인가도 그 방법을 제시하고자 하는 것이다.

필자의 정성이 하늘에 닿아 우리나라가 자녀들이 엄청나게 태어나는 나라가 되기를 소망해본다.

2024년 3월
김두태

목차 ————————————————————————————————

PART 2

정책과 운영

PART 1

자녀의 태어남은
축복 중의 축복이다

01

손주의 태어남과
조부모와의 관계

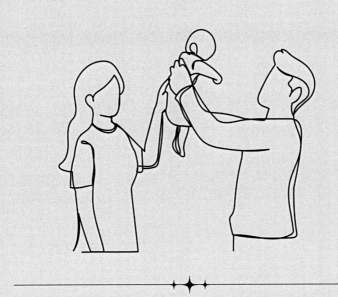

낳고 낳고 낳고

손자의 태어남은 조부모에게는 너무나 중요한 일이라 할 수 있다. 왜냐하면 손자는 곧 자신의 가문을 이어가는 손자이기에 그렇다. 손자가 태어나지 아니한다면 자신의 가문은 대(代)를 이을 수가 없다. 그러므로 손자가 태어남은 조부에게는 가문의 승계 여부가 달려 있는 중차대한 문제인 것이다.

1

'씨받이' 영화
(1986년 제작)

영화 '씨받이'는 조선시대 양반가의 가문(家門) 이어가기의 몸부림을 보여주는 영화였다. 양반가(兩班家)의 가문 잇기는 매우 중요했다. 그래서 씨받이 여인을 데려와서라도, 비밀스런 일을 통해서라도, 씨받이 여인을 희생해서라도 가문을 이어가고자 노력했던 시대의 일면을 보여준다.

그렇다면 왜 양반가에서 대를 이어갈 자녀가 생산되지 않았던 것인가? 자녀를 낳아야겠다는 부모의 애씀과 시부모의 전폭적인 지원이 있음에도 불구하고 왜 자녀가 태어나지 않는 것일까?

의학적인 문제가 있을 수도 있다. 그러나 씨받이를 데려와서는 자녀가 태어나니까 남자에게는 생식할 수 있는 능력이 있는 것이고… 여자에게 문제가 있다는 말인가? 건강한 젊은 여자에게 문제가 있음은 희박한 비율일 것이고…. 그렇다면 무엇이 문제가 되어서 자녀가 태어나지 않는 것인가?

우리는 여기서 깊이 문제를 제기해보아야 한다. 그것은 자녀의 태어남이 사람의 뜻으로만 되는 것이 아니라는 점이다.

2

자녀 생산은 하나님의 뜻으로다

성경을 보면, 자녀의 생산은 하나님이 허락해야만 가능하다는 것이다.

> 야곱이 라헬에게 성을 내어 이르되 그대를 임신하지 못하게 하신 이는 하나님이시니 내가 하나님을 대신하겠느냐
>
>   - 창세기 30:2

> 엘가나가 그의 아내 한나와 동침하매 여호와께서 그를 생각하신지라 한나가 임신하고 때가 이르매 아들을 낳아 사무엘이라 이름하였으니 이는 내가 여호와께 그를 구하였다 함이더라
>
>   - 사무엘상 1:19b~20

낳고 낳고 낳고

자녀가 태어나고 태어나지 않음은 하나님께 달려 있다는 뜻이다. **하나님께서 허락하지 아니하면 자녀는 태어날 수가 없다는 것이다.**

그렇다면 하나님께서는 어떠한 기준으로 자녀를 생산하게도 하시고 생산하지 못하게도 하시는 것일까?

필자가 단언적으로 말할 수는 없다. 다만 필자가 70세가 넘도록 살아오면서 주변의 지인들의 삶을 관찰해온 바에 따르면 —이것도 절대적인 기준이 아니라 그저 필자의 생각으로 판단함이다— 그래도 건강한 삶을 살아온 사람들에게는 자녀가 태어나고, 가문을 이어갈 아들도 태어나고 그리고 손자도 태어났다는 판단이다. 그리고 딸들도 태어났다는 것이다.

대신에 딸은 태어나는데 아들은 태어나지 않는 가정도

있다. 그리고 자녀가 아예 태어나지 않은 가정도 있었다.

성경의 말씀을 기준으로 한다면 **자녀가 태어남에는 분명한 하나님의 기준이 있을 것으로 판단이 된다. 그 판단의 기준은 하나님만이 아심이다.** 필자는 그저 미루어 짐작할 뿐이다. 중요한 것은, **사람은 자신의 삶을 건강하게 살려고 애써야 한다는 것이다.** 사람은 누구나 하나님 앞에서는 부족하고 죄인이지만 그래도 하나님의 마음에 들려고 애쓰는 모습으로 살아가야 한다는 것이다. 그래야만 하나님께서 그 사람의 가문을 이어갈 아들도 주시고 딸도 주시고 손자도, 손녀도 주신다는 사실이다.

낳고 낳고 낳고

3

———— ✧ ————

부모가 행복한 삶을 살아야만
자녀가 결혼할 마음을 가진다

부모가 건강한 삶을 살아갈 때 태어난 자녀는 자신도 부모처럼 행복한 삶을 살고 싶을 것이다. 자신도 부모처럼 행복한 가정을 꿈꾸고 미래의 행복한 자신을 생각하게 되는 것이다.

반대로 불행한 부모의 삶을 보고 자라난다면 그 자녀는 무엇을 생각하게 되는 것일까?

두 가지 가능성이 있다.

첫째로, '저리도 불행하게 살 바에야 왜 결혼을 했을까?', '나는 결혼을 하지 않을 거야', '나는 혼자 살겠어' 등 결혼을 포기하는 마음을 가질 수가 있다.

둘째로, '나는 우리 부모처럼 살지 않을 거야. 나는 결혼해서 아주아주 행복한 가정을 이루겠어', '반드시 행복한 가정을 이루겠어' 하는 마음을 가질 수가 있다.

4

조부모와 손자, 손녀의
태어남과의 관계

조부모의 삶과 손자녀의 태어남에는 어떤 관계가 있을까? 분명히 어떠한 인과관계가 있을 것이라고 생각한다.

그러나 그 분명한 인과관계를 필자는 설명할 길이 없다. 다만 주변 지인들의 삶에서 어느 정도 인과관계가 있다고 생각할 뿐이다. 왜냐하면 지인들의 삶과 그들의 일생에 일어나는 다사다난한 일들을 필자가 평가할 수가 없기 때문이다.

그러나 **하나님께서는 사람들의 모든 것을 아시기에 평가를 하실 수가 있다는 것이다.** 하나님의 뜻을 전하는 성경에서 그 근거를 어느 정도 설명할 수가 있다 할 것이다.

5

이스라엘의 인구조사

성경 민수기서에는 이스라엘이 애굽을 탈출한 이후에 인구조사를 1, 2차에 걸쳐 실시했다. 그 인구조사는 20세 이상 남자들의 수(數)를 조사한 것이다.

시므온 지파의 수는 1차 때 59,300명(민수기 1:23), 2차 때 22,200명(민수기 26:14)이었다. 왜 2차 때에 1차 때보다 39,100명이나 감소된 조사가 나왔을까? 그 이유는 무엇일까? 39여 년 후 2차 조사 때에 이처럼 시므온 지파의 숫자가 현저하게 감소된 이유가 무엇일까?

다른 지파에서도 이와 같은 현상이 일어난 것일까? 시므온 지파처럼 현저히 감소된 지파는 없다. 1차 인구조사 때의 총 숫자가 603,550명이었는데 2차 때는 601,730명이었다. 이스라엘 12지파가 광야 39여 년 동안 숫자가 늘어난 지파도 있었고 감소된 지파도 있었다. 그러나 시므온 지파처럼 현저히 감소된 지파는 없다. 그렇기에 왜 이러한 현상이 나타난 것일까를 생각하게 된다.

그 이유는 창세기 34:1~에서 찾을 수가 있다 할 것이다. 야곱의 열두 아들 중에서 시므온과 레위가 세겜 성에서 대대적인 학살을 주도했다. 이유가 있었다(세겜 성의 성주가 시므온의 여동생을 강간함). 그러나 그 이유가 어떠하든지 간에 시므온은 세겜 성의 사람들을 속여서 죽인 것이다. 그로 인하여 야곱은 그 아들 시므온과 레위를 축복하지 않았고 오히려 저주(창세기 49:7)를 받을 것이라고 했다. 그 아버지 야곱의 저주 때문인지 시므온 지파는 자손의 숫자가 현저히 감소되는 현상이 오게 된 것이다.

달리 시므온 지파의 숫자가 그렇게 현저히 감소된 이유를 성경에서 찾아볼 수가 없다. 그러므로 사람들을 대대적으로 학살한 시므온의 죄를 물어 그 지파의 자손의 숫자를 감소하게 하신 것이라 판단하게 된다.

필자는 자손의 태어남과 그 선조의 삶이 관계가 있다는 것을 주장하고 있음이다. 가문의 이어짐과 생명의 태어남은 대단히 중요한 일이다. 이 중요한 일이 우연에 기인하지 않는다는 것이다. 분명히 그 어떠한 인과관계(因果關係)가 있다는 것이다.

6

가장 번성한 김씨

    우리나라에서 성씨(姓氏)의 숫자가 가장 많은 성씨는 김(金)씨다. 김씨 중에서도 본관으로 따져 가장 많은 자손은 김해김씨(金海金氏)다. 김유신(金庾信) 장군의 후손들이다.

우리나라 성(姓)씨 중 1위부터 111위까지의 순서가 조사
되었다.

(2013년 1월 18일 통계청 통계: 인터넷 검색)

1위	김(金)씨	9,189,906명	21.54%
2위	이(李)씨	6,309,624명	14.79%
3위	박(朴)씨	3,597,380명	8.47%
4위	정(鄭)씨	2,061,977명	4.83%
5위	최(崔)씨	2,012,934명	4.72%
6위	조(趙)씨	1,247,461명	2.92%
7위	강(姜)씨	1,091,469명	2.56%
8위	장(張)씨	880,198명	2.06%
9위	윤(尹)씨	874,791명	2.05%
10위	임(林)씨	867,393명	2.03%
⋮			
111위 (마지막 씨족)	갈(葛)씨	2,090명	

낳고 낳고 낳고

성씨 본관(本貫) 순위는 다음과 같다.

1위	김해김씨(金海金氏)	4,124,934명
2위	밀양박씨(密陽朴氏)	3,031,478명
3위	전주이씨(全州李氏)	2,609,890명
4위	경주김씨(慶州金氏)	1,736,798명
5위	경주이씨(慶州李氏)	1,424,866명
6위	경주최씨(慶州崔氏)	976,820명
7위	진주강씨(晉州姜氏)	966,710명
8위	광산김씨(光山金氏)	837,008명
9위	파평윤씨(坡平尹氏)	713,947명
10위	청주한씨(淸州韓氏)	642,992명
⋮		
333위	옥천옹씨(玉川邕氏)	772명

성씨 본관 순위에서 그 본관 순위 10위까지를 보면 두 가지 특징이 있다 할 것이다.

첫째로, 김씨 성씨가 김해김씨(1위), 경주김씨(4위), 광산김씨(8위)로 세 성씨다.

둘째로, 본관을 경주로 한 성씨가 경주김씨(4위), 경주이씨(5위), 경주최씨(6위)의 세 성씨다.

김씨(金氏) 성(性)을 가진 사람의 수는 9,189,906명이며 우리나라 인구의 21.54%에 이른다. 김씨 성 중에서 김해김씨를 본관으로 하는 숫자는 4,124,934명으로 김씨 성 전체의 44.5%에 이른다. 이로 보건대 김해김씨 성을 가진 자손의 번성함이 대단하다 할 것이다.

그 이유는 무엇일까? 우연히 김해김씨가 우리나라 단일 본관으로 가장 많은 자손들이 태어난 것일까? 질문해보게 된다.

결코 우연은 아닐 것이다. 이유가 분명히 있을 것이다. 그렇다면 그 이유는 무엇일까?

필자는 우리나라 역사 속에서, 그리고 성경에서 그 이유를 찾아내고자 한다.

7

김유신 장군과 김해김씨

김해김씨는 그 시조가 가락국의 김수로왕(金首露王)이다. 12대손 김유신이 유명하여 김해김씨를 말할 때는 그 조상이 김유신 장군임을 자랑스럽게 말하고 있다.

김유신의 후손들인 김해김씨가 왜 우리나라에서 가장 많은 자손을 자랑하고 있을까? 그 이유는 무엇일까?

김유신 장군은 한반도에서 최초로 통일국가를 이룬 삼국통일의 지대한 공로자다. 그는 삼국통일의 대업을 이룬 공로로 후일 흥무대왕(興武大王)으로 추존된 인물이다.

✤ 임진왜란(1592. 5. 23. ~ 1598. 12. 16.)과 이순신 장군

　임진왜란의 주역은 당연히 이순신 장군이다. 그가 이룩한 전공은 조선을 일본으로부터 지켜낸 것이다. 이순신은 임진왜란의 영웅이다.

✤ 김유신 장군과 삼국통일

　한반도 삼국통일의 영웅은 김유신 장군이다. 이는 이순신 장군이 임진왜란의 영웅이듯이, 김유신은 삼국통일의 대업을 이룬 영웅이다. 이는 김부식(金富軾)의 『삼국사기(三國史記)』에 분명하게 증거되고 있다.

　『삼국사기』(김부식 저, 신호열 옮김, 동서문화사, 2018, 서울)는 총 882페이지의 책이다. 그중 열전(列傳: 삼국시대 인물들의 전기이며 충, 효, 용사, 문인 등)은 10권, 154페이지다. 10권의 열전에 등장하는 인물은 51명이다. **그중에서 1~3권이 김유신 한 사람에 대한 글이며 그 분량이 34페이지에 달한다.**

삼국통일시대 태종무열왕(김춘추)의 기록은 15페이지다.

그렇다면 왜 김부식은 김유신을 이리 높이 평가하고 있을까? 당시 역사학자로서 역사를 기록함에 있어 김유신이라는 인물의 그 크기가 남달랐기 때문이다. 이 큰 인물이 삼국통일의 대업을 이루는 데 결정적인 역할을 한 것이다.

✤ 『삼국사기』와 김부식

김부식(金富軾)이 『삼국사기(三國史記)』를 기록한 계기는 고려 17대 왕 인종(1123~1146)의 명을 받은 것으로, 보좌진 10명의 도움을 받아서 3년 만에 완성하기에 이른다. 1145년 인종 23년에 완성한 『삼국사기』는 우리나라의 가장 오래된 역사책이요 정사(正史)다. 이는 중국 사마천(司馬遷)의 『사기(史記)』 체제로 엮은 기전체(紀傳體)의 역사책이다.

『삼국사기』는 신라의 삼국통일(676년) 후 469년, 그리고 신라가 멸망한(935년) 후 210년 후에 완성된 역사책이다.

세월이 한참이나 흐른 후에 완성된 역사책이다. 그 세월이 흐른 후에도 김유신의 행적은 비교적 뚜렷하게 남아 있었던 것이다.

✤ 김유신의 행록(行錄)

김유신의 고손(高孫) 신라 집사랑(執事郎) 김장청(長淸)은 고조부 김유신의 행록(行錄) 10권을 지어 세상에 발표했다.

✤ 김부식이 『삼국사기』에 남긴 김유신에 대한 글

김부식은 『삼국사기』 760페이지에 이런 글을 남겼다.

'유신 같은 이는 세상 사람들이 칭송하여 지금까지 잊히지 않았으며, 사대부(士大夫)가 알고 있다는 것은 그렇다 할지라도 추동목수(꼴 베는 아이와 목동)까지도 아는 것을 보면

그의 사람됨이 반드시 남보다 다른 점이 있기 때문이다'라
고 기록하고 있다.

✤ 김유신 장군의 위업과 김해김씨의 흥왕

　김해김씨(金海金氏)의 중시조(中始祖) 김유신 장군의 위업
으로 김해김씨는 그 자손이 흥왕하기에 이르러 한국의 단
일 본관(本貫) 씨족으로서는 가장 많은 자손이 태어났다.

8

김대건 신부와 김해김씨

김대건 신부(1821~1846)의 본관(本貫)이 김해김씨다. 그의 세례명은 '안드레아'이며 우리나라 카톨릭 신부로서 최초의 순교자다.

주목할 일은 그의 증조할아버지(김진후: 비오)와 작은할아버지(김한현), 아버지(김제준: 이냐시오) 세 분이 다 순교자라는 점이다. 김해김씨(金海金氏) 자손 중에서 하나님을 믿다가 4대가 순교자가 되었던 것이다.

하나님이 우리나라에서 한 씨족으로서 그 자손이 가장 번성한 씨족으로 김해김씨(金海金氏)를 선택한 것이 결코 우연이 아님을 알아야 한다. 이어지는 9)와 같이 성경에서 그 증거를 찾아볼 수가 있다.

낳고 낳고 낳고

9

— ❧ —

이스라엘에서 번성한 지파(씨족)

성경에서 '유다'지파 자손의 번성함을 알 수 있다. 유다는 동생 요셉을 살려주고 아버지 야곱을 살린 사람이다.

이스라엘이라는 나라는 12지파 연합체의 나라다. 12지파 중에서 **그 자손이 가장 번성한**(increase in number) **지파는 유다**(judah)**지파다.** 그는 야곱의 4남으로서 동생 요셉을 살려준(창세기 37:26~27) 사람이다. 시기와 질투로 동생 요셉을 죽이려 했던 형제들과는 달리 유다는 동생 요셉을 살리려고 애를 쓴 사람이며 그 아버지 야곱을 살린(창세기 44:30~34) 아들이다. 하나님은 동생과 아버지를 살리려 노력한 유다를 축복하셔서 이스라엘 12지파 중에서 그 자손이 가장 번성했음을 성경은 증거하고 있다.

모세의 인구조사(민수기 1:27, 37, 46)	
유다지파 20세 이상 남자의 수(數)	74,600명
베냐민지파 20세 이상 남자의 수(數)	35,400명
이스라엘 12지파 전체 숫자	603,550명

다윗의 인구조사(역대상 21:5~6)	
이스라엘 10지파에서 칼을 뺄 수 있는 남자의 수	110만 명
유다 1지파에서 칼을 뺄 수 있는 남자의 수	47만 명

민수기와 역대상에서 조사한 이스라엘 12지파의 20세 이상 남자의 수(數)에서 유다지파의 숫자가 다른 지파와 비교하여 월등히 많다는 것을 증거하고 있다. 이는 하나님의 뜻을 따랐던 유다지파를 축복하셨던 것이다.

또한 유다지파의 자손으로서는 **다윗 왕**(이스라엘 나라를 통일하여 왕국을 이룸, 영토 확장을 한 왕)이 있으며 마침내 **유다지파의 자손으로서 인류의 구원자 예수 그리스도께서 탄생하셨다.**

이처럼 성경은 옳은 일(살리는 일, 나라에 크게 공헌)을 행한 사람의 자손을 번성케 해주신다는 것을 증거하고 있다.

선조의 삶과 자손의 번성과는 인과관계(因果關係)가 있음에 주의하자. **선조가 올바른 삶을 살려고 애쓸 때에 그 자손은 번성**(increase in number)**한다는 것이다.**

02

자녀 출산은
사람의 뜻대로 안 된다

낳고 낳고 낳고

자녀 출산은 사람의 뜻대로 되는 것이 아니며, 하나님의 뜻으로 이루어진다.

그리고 그 인과관계에는 조부모의 삶도 영향을 미친다. 다음 내용을 통해 자세히 알아보도록 하자.

1

—ⓔⓥ—

조부모의 삶과 손자녀의 태어남에는
인과관계가 있다

　자녀, 손자녀의 출산은 사람의 뜻대로 되지 않는다는
것을 사람들은 다 안다. 손자녀 출산에 대하여 조부모의
간절한 소망이 있음에도 불구하고 아들과 며느리의 생각
은 다를 수가 있다. 사람의 생각을 주장하시는 하나님께
서 아들과 며느리에게 자녀 생산에 뜻을 갖도록 생각하게
하면 되는 것이다. 결국은 사람의 생각에 자녀를 낳아야
하겠다는 뜻을 가져야만, 그리고 하나님이 그 생명을 허
락하셔야만 생명은 태어날 수가 있다.

　필자가 70년이 넘게 살아오면서 자녀 생산의 문제가 이
리도 나라의 명운(命運)을 좌지우지(左之右之)할 줄은 몰랐
다. 이번에 책을 쓰면서 **주변 지인들의 가정들을 살펴보며
한 가지 깨달음을 얻게 되었다.** 그것은 조부모의 뜻대로
손자녀가 태어나지 않고 있다는 것이다.

그러니까 손자녀의 태어남이 조부모의 삶과도 관계가 있다는 것이다. 조부모의 삶이 자녀에게 그 영향이 가고, 그리고 그 자녀의 삶이 손자녀 생산에 영향이 가는 것이다.

그 상황을 정확히 이렇다 하고 확정적으로 표현할 수는 없다. 그러나 이번에 책을 쓰면서 깨달은 것이 있다. 그것은 필자 지인들의 삶과 손자녀의 태어남에 깊은 연관이 있다는 것을 알게 되었다.

그것은 조부모의 건강한 삶과 손자녀의 태어남에는 일정한 관계가 있다는 것이다. 이 역시 필자가 100% 확신할 수 있는 것은 아니다. 필자가 어찌 지인들의 내밀한 삶을 다 알 수가 있겠는가? 알 수 없을 뿐만 아니라 어찌 그들의 삶에 대하여 판단을 할 수가 있겠는가? 이는 오직 하나님만이 판단하실 수가 있다.

하나님께서는 사람의 마음까지도 다 아시기에 그러하다.

또 마음을 아시는 하나님이 우리에게와 같이 저희에게도
성령을 주어 증거하시고

– 사도행전 15:8

사람이 내게 보이지 아니하려고 누가 자기를 은밀한 곳에
숨길 수 있겠느냐 나 여호와가 말하노라 나는 천지에 충만
하지 아니하냐

– 예레미야 23:24

하나님은 허망한 사람(deceitful men)을 아시나니 악한 일은
상관하지 않으시는 듯하나 다 보시느니라

– 욥기 11:11

사람은 하나님의 눈을 피할 수가 없는 존재다. 보이지
아니하는 사람의 마음도 아시는 분이시다. 그러므로 그분
은 어떤 사람에 대해서도 판단하실 수가 있으신 분이시
다. 그분 뜻대로 손자녀를 태어나게 하실 수도 있고 아닐

수도 있다. 그분의 권리이시다.

필자가 70세를 넘긴 시점에서 이 책을 쓰면서 알게 된 것이 있다.

2

지인들의 자녀, 손자녀 태어남의 도표

이름	아들	딸	손자	손녀	외손자	외손녀
○○○ 1	1명	1명	1명	1명	1명	2명
○○○ 2	2명	1명	2명	2명	2명	0명
○○○ 3	2명	0명	2명	0명	0명	0명
○○○ 4	1명	1명	1명	0명	1명	0명
○○○ 5	1명	0명	2명	0명	0명	0명
○○○ 6	2명	0명	2명	0명	0명	0명
○○○ 7	1명	1명	1명	1명	0명	1명
○○○ 8	1명	2명	0명	0명	2명	3명
○○○ 9	0명	1명	0명	0명	0명	1명
○○○ 10	1명	2명	0명	2명	0명	0명
○○○ 11	1명	1명	0명	0명	1명	0명
○○○ 12	0명	2명	0명	0명	0명	3명
○○○ 13	1명	2명	0명	0명	1명	0명
○○○ 14	0명	0명	0명	0명	0명	0명
○○○ 15	1명	1명	0명	3명	1명	0명
○○○ 16	0명	2명	0명	0명	1명	3명
○○○ 17	1명	1명	0명	2명	0명	1명
○○○ 18	2명	0명	0명	1명	0명	0명
○○○ 19	1명	1명	0명	1명	0명	2명
○○○ 20	2명	0명	0명	3명	0명	0명

낳고 낳고 낳고

3

——⚜——

앞의 도표를 통하여
필자가 깨달은 것

　다만 필자의 깨달음은 우리나라 천만 가정을 모두 다 설명할 수 있는 것은 아니다. 분명히 아니다. 샘플 20가정에 대한 필자의 깨달음일 뿐이며 지극히 주관적인 깨달음일 뿐이다.

　필자의 지인 스무 가정을 샘플로 살펴보니 이러한 결과를 말할 수 있을 뿐이다. 이 깨달음도 오직 필자의 개인적인 깨달음일 뿐이다. 이 깨달음을 보편화할 수는 없다. 그러나 우연인 줄은 모르나 소중한 깨달음을 얻었다 할 수가 있다.

필자의 세대(필자의 지인들)에서 '아들은 태어나지 아니하고
왜 딸만 태어나는가?'에 대한 대답은 할 수가 없다

이유는 다음과 같다.

— 필자는 지인들의 아버지 세대를 모르기 때문이다.
— 아울러 자녀의 세대를 조사함도 불가능한 일이다.
— 또한 딸의 시부모에 대한 조사도 불가능하다.
— 그래도 부족하지만 필자의 세대는 조사할 수가 있었다.

필자의 세대에서 아들이 태어났음에도 불구하고
손자가 태어나지 않음에 대해서는 필자가 깨달음이 있다

— 20가정에서 아들이 태어난 가정은 16가정이며, 딸만
  태어난 가정은 3가정이다. 그리고 무자녀가 1가정이다.
— 그 16가정에서 손자가 태어난 가정은 7가정이다.
— 9가정은 아들이 태어났으나 손자가 태어나지 않은 가
  정이다.

낳고 낳고 낳고

아들이 태어났으나 손자가 태어나지 않은 가정 9가정을
살펴보니 조부모의 삶에 이러한 흔적이 나타나고 있다

- 이혼한 가정이 3가정이었으며 성적인 스캔들이 있었던 가정이 2가정이었다. 그러니까 조부의 성적인 문제가 있었던 가정이 5가정이다.
- 4가정은 평범한 가정이나, 굳이 생각해 본다면 종교적인 문제와 에고이스트적인 가정이었다.

조부모의 삶과 손자녀의 태어남에는 인과관계가 있으니, **조부모가 올바른 삶을 살고자 애를 써야 한다는 것이다.**

필자가 이 책을 쓰면서 깨달은 바이니, 책을 쓰기 전에는 이러한 깨달음이 없었다. 젊어서 이러한 깨달음이 있었더라면, 이러한 깨달음의 책이 있었더라면 얼마나 좋았을까!

✤ 도표 설명 1

- 손자가 태어난 가정은 20가정 중에서 7가정 11명이다.
- 손녀가 태어난 가정은 20가정 중에서 9가정 16명이다.
- 외손자가 태어난 가정은 20가정 중에서 8가정 10명이다.
- 외손녀가 태어난 가정은 20가정 중에서 8가정 16명이다.

✤ 도표 설명 2

- 표본 20가정에서 아들이 21명, 딸이 19명이 태어났다 (출산율: 2.0%, 20명).
- 손주들은 53명이 태어났다(출산율: 1.557%, 34명 / 6명 비결혼)
- 현재(2024년 1월)까지 결혼하지 않은 자녀는 아들 3명, 딸 3명이다.

✣ 도표 설명 3

- 아들이 태어났음에도 불구하고 손자, 손녀가 무자임은 결혼을 하지 않았거나 자녀 생산에 뜻이 없는 경우다.
- 자녀 생산에 뜻이 있어 손녀는 태어났으나 손자는 태어나지 않음이다.
- 딸은 태어났으나 외손자, 외손녀가 무자임은 결혼을 하지 않아서다.
- 위의 도표는 절대적일 수는 없으나 대체로 손자녀를 생산할 수 있는 나이가 지났거나, 또한 뜻이 없는 경우다. 그러나 나이가 많음에도 불구하고, 뜻을 바꾸어 손자녀 생산이 이루어질 수도 있다.

✣ 도표 설명 4

- 필자의 세대에서는 자녀를 생산함이 20세대 40명이 자녀 40명을 태어나게 했다. 절묘하게도 동수의 자녀를 생산함이다.

- 아들의 세대에서는 자녀의 생산이 53명이니 이는 37명이 덜 태어남이다. 이유는 결혼을 하지 않은 자녀가 6명이며, 아울러 자녀 생산의 숫자가 줄었기 때문이다.

낳고 낳고 낳고

낳고 낳고
낳고

03

조부모가
손주 출산 장려금을 지원하라

낳고 낳고 낳고

필자는 손주의 출산이 너무나 중요한 일임을 주장하고 있다. 당장에 손자가 태어나지 않으면 자신의 대(代)는 끊어지고 만다. 그렇기에 손주의 출산은 그 무엇과도 비교할 수 없는 가치가 있다.

사람은 누구나 '공수래 공수거(空手來 空手去)'다. 유일하게 남은 것은 자녀들이다. 또한 손주들이다. 그러기에 그들을 위하여 투자하는 것은 가장 소중한 투자요, 아까울 것이 없는 투자다.

출산율(出産率) 저하에 대하여 온 나라가 공감하는 시점이 되었다. 이제 조부모들도 적극적으로 앞장을 서야 할 시점이 된 것이다.

1

정부와 유관기관의 지원

    정부와 유관기관의 지원책도 증가되었다. 정부는 필사적
으로 출산율을 올리기 위해서 다양한 정책을 펼치며 애
쓰고 있다.

2

회사의 지원

회사도 지원하고 있다. 2024년도 2월 ㈜부영 회사의 창업주인 이중근 회장이 회사 직원들의 출산을 장려하는 파격적 '출산 장려책'을 발표했다.

자녀 한 명 출산에 1억 원을 지원한다는 것이다. 이 회사는 2021년부터 출산한 70명에 대해 70억 원을 지급한다는 것이다.

뿐만 아니라 3번째 자녀가 태어나면 영구 임대주택을 제공하겠다고도 했다. 이는 회사 직원 2,500명에게는 너무나 기쁜 소식이었을 것이다.

창업주의 이러한 결단은 나라의 문제를 함께 고민하고 그 짐을 나누어 지려는 창의적인 결단인 것이다. 자녀가 태어나는 데 경제적인 부담이 없게 하려는 결단인 것이다. 사회는 지금 이중근 회장과 같은 인물들이 많이 나타날 것이라 기대하고 있다.

3

여의도 순복음교회의 지원

여의도 순복음교회의 이영훈 목사는 2012년부터 교인들에게 '출산 장려금'을 지급해오고 있다고 한다. 선견지명 (先見之明)이 있는 정책을 시행해오고 있는 것이다.

이 교회는 지금까지 아이 5,016명에게 54억 원을 지급해왔다. 그리고 2024년부터는 그 금액을 인상하여 첫째 200만 원, 둘째 300만 원, 셋째 500만 원, 넷째부터는 1,000만 원을 지급한다고 발표했다. 이영훈 목사는 주례 시(主禮時)에 항상 '세 명은 기본, 다섯을 출산'하라고 권장했다고 한다. 이처럼 교회도 출산 장려를 위해 앞장서서 지원책을 발표하고 있다.

4

조부모도 지원하라

손주들의 태어남이 조부모에게는 너무나 큰 축복이다. 그러한 축복의 주인공이 누구냐? 며느리다. 아들이다. 그러므로 저들을 아끼고 사랑하며 지원하는 일은 너무나 당연하다 할 것이다. 조부모의 능력이 천차만별(千差萬別)이지만 자신에게 적합한 지원을 해야 한다.

✤ 물질로 지원하라

아이가 태어나면 이러이러한 지원을 하겠다고 선언하라. 능력에 따라 힘껏 지원하겠다고 약속하라. 이제 이러한 선언과 약속이 필요한 시점이 된 것이다.

유대인의 성인식(바르 미츠바: 13세에 시행)에서는 친지들과 지인들을 200여 명 초청한다고 한다. 그때 참석하는 사람들은 200불(弗: U.S. 달러) 정도를 축하금으로 준다고 한다. 물론 더 많은 지원금을 주는 친척도 있다는 것이다. 40,000~60,000달러 정도가 모이는데 이 물질은 13세가 되는 자녀의 미래 자금이 된다는 것이다. 특이한 제도지만 우리들도 그러한 제도처럼 아이들의 장래를 위해서 미리 저축할 수가 있었으면 좋겠다는 생각이 든다. 이러한 일에 조부모가 앞장설 것을 기대한다.

✤ 손주들을 돌보아주라

필자의 가정의 경험으로 말하면 손주들을 돌보아주면 대단한 유익이 주어진다. 필자의 아내는 외손주 3명을 위해서 8~9여 년을 봉사했으며 친손주 2명을 위해서도 필요에 따라 봉사했다.

❖ 무엇보다도 손주들과 친(親)해진다

　사이가 아주 가까워지는 관계가 된다. 이는 그 무엇으로
도 바꿀 수가 없는 유익이다. 부모가 자녀를 길렀기에 친
한 관계이듯이, 손주들을 돌보아주기에 친해지는 관계가
되는 것이다.

　친구(親舊)는 가깝게, 그리고 오랫동안 사귐이 있는 사람
을 가리키듯이 손주들을 돌보아주어야만 친(親)해질 수가
있다. 친구들 사이에도 가까운 친구가 있고 그저 아는 친
구가 있듯이 손주들과도 어떠한 관계가 되는가는 조부모
가 손주들을 돌보아준 시간과 사귐의 시간에 달려 있다
해도 과언이 아니다.

　– 필자와 아내는 손주들을 돌보아주었을 뿐 아니라 손
　　주들이 5~6세 때에 **'성경의 스토리'를 녹음하여 들려**
　　주는 일을 하였다. 그러니까 잠을 자기 전에 할아버지
　　와 할머니의 목소리가 엄마의 핸드폰을 통하여 들려
　　오니까 손주들이 관심을 갖게 되었고 그리하여 성경
　　의 이야기들을 들려주었다. 그 결과로 필자는 『**할아버**

지가 들려주는 성경 스토리』라는 책을 출판하기에 이르렀다.

- 젊은 친구가 생긴다. 필자의 외손녀는 금년에 중학생이 된다. 그 손녀와는 조크(joke)도 하는 관계다. 필자에게는 중학생 친구, 초등학생 친구가 있는 셈이다. 물론 외조모와는 더 깊은 관계다.

- 손주들을 생각하면 기분이 좋아진다. 필자에게는 5명의 손주들이 있다. 손주들이 전해오는 소식들은 필자를 웃게 만든다. 그 웃게 하는 기분은 다른 그 무엇과도 비교할 수 없는 기분이다. 특별한 느낌이요, 소망을 주는 느낌이요, 미래를 기대하게 하는 느낌이요, 우쭐하게 하는 느낌이다.

- 며느리와 딸과 좋은 관계가 된다. 젊은 딸과 며느리는 자신들의 자녀들을 돌보아주는, 필요할 때에 항상 지원을 아끼지 않는 어머니 및 시어머니와 좋은 관계가 된다. 시부모와의 좋은 관계, 그리고 부모와의 좋은 관계는 가족에게 필수적인 조건이다. 이는 자신들에게 유익을 주었기에 더욱더 관계가 좋아지는 계기가 되는 것이다. 가족 간의 좋은 관계를 위해서라도

손주들을 보살펴주어야 한다. 물론 상황에 따라서 다를 수는 있다. 케이스 바이 케이스(case by case)다. 할 수가 있는 상황이라면 돌보아주라는 말이다.

5

며느리를 귀중하게 대우하라

생각해보면 며느리는 귀중한 사람이다. 자신의 손주들을 낳아줄 사람이기 때문이다. 그 이상 귀중하고 고마운 사람은 없다. 그렇기에 자신의 생각부터 바꾸어야 한다. 그리고 대우를 해주어야 한다. 시부모와 좋은 관계가 되도록 애쓸 필요가 있다.

이미 장성하여 성인이 된 며느리이기에 자신들의 문제는 부부가 해결하게 두어야 한다. 아무런 간섭이 필요하지 않다. 시부모가 해야 할 일이 있다면 도움을 주고 자녀의 가정을 위하여 기도하는 일이다. 하나님께 자녀의 가정이 평화하고 번성하기를 기도하면 되는 것이다.

낳고 낳고
낳고

04

열렬한(미친: 美親)
사랑의 결실

낳고 낳고 낳고

그 어느 사랑인들 귀중하고 절실하지 않겠느냐만 특별히 열렬한(미친: 美親) 사랑은 특별한 아이를 태어나게 했다.

이어지는 이야기들을 통해 그 사례를 알아보자.

1

아담과 하와의 사랑

인류의 조상 아담과 하와의 사랑은 아담이 하와를 대하는 태도에서 명백하게 드러난다.

하나님께서 아담을 잠들게 하고는 아담의 갈빗대 하나를 취하여 여자를 만드셨다. 그리고 그 여자를 아담에게 데려오니 아담은 너무나 감격하여 외치기를 **"이는 내 뼈 중의 뼈요 살 중의 살이라**(This is now bone of my bones and flesh of my flesh)**" 하였다**(창세기 2:23).

아담의 이 표현은 인류 역사상 가장 아름다운 시(詩)적인 말이라는 평가를 받고 있다. 이 이상의 아름다운 시(詩)는 없다고도 한다. 이처럼 아담을 감동하게 한 여인 하와다. 그들의 사랑은 너무나 깊어서 서로 아끼고 사랑하였음은 당연하다 할 것이다.

2

김유신의 부모 김서현과
만명(萬明)공주의 미친 사랑

삼국통일의 주역인 김유신 장군의 아버지인 김서현 태수와 어머니인 만명공주의 사랑은 절실한 사랑이었다.

당시 신라는 골품제(성골: 부모가 다 왕족, 진골: 부모 중 한 사람이 왕족)의 사회였다. 그리하여 골품이 같지 아니하면 결혼을 피하는 시대였다.

김유신의 아버지 김서현 태수는 금관 가야국의 왕족이었으나 신라에서는 진골의 골품이었다. 그러나 그 진골은 망국의 왕족으로서 얻은 골품이며, 힘이 없는 골품이었다. 그러함에도 불구하고 김서현은 진흥왕의 동생 김숙흘종과 만호부인의 딸 만명공주와의 사랑에 빠져 있었다. 두 사람의 사랑에는 이루어질 수 없는 신분의 벽이 있었으며, 뿐만 아니라 만명공주의 부모가 김서현과의 결혼을 적극 반대했다.

그러나 두 사람의 사랑은 너무나 절실했다. 미친(美親)
사랑이었다. 두 사람의 사랑을 깨뜨리기 위해 만명공주를
별채에 유배시키고 지키도록 했다. 그러나 만명공주는 탈
출하여 김서현과 만나서 결혼하기에 이른다. 실로 두 사람
의 사랑은 고금에 없는 절대절명의 사랑, 미(美)친 사랑이
었다.

　　그 두 사람의 절실한 사랑의 결실로 김유신 장군(흥무대
왕: 興舞大王)이라는 걸출한 인물을 낳게 되었다. 김유신,
김흠순 장군, 김보희, 김문희를 낳았다. 김문희는 김춘추
(무열왕)와 결혼하여 왕비가 되었으며 김유신과 김흠순 장
군은 삼국통일의 대업에 지대한 공을 세운 인물들이었다.
　　이처럼 진실하고 절실한 사랑, 미(美)친 사랑은 그 자녀
들을 걸출한 인물들로 태어나게 했던 것이다.

3

— ᑫᑌᑏᑐᑐ —

다윗과 밧세바의 미친 사랑

다윗과 밧세바의 사랑에는 심각한 문제들이 있다. 밧세바의 남편 우리아를 다윗이 죽이고 그 아내를 차지한 패륜의 관계였기 때문이다. 그야말로 미친 사랑이요, 불륜의 사랑이었다. 그러함에도 불구하고 그 미친 사랑의 결실로 솔로몬이라는 지혜의 자녀가 태어났다. 미스틱한 결과다.

4

공자 부모의 야합 사랑

14억 인구 중국의 정신적 지주인 공자(孔子)의 탄생에 있어서도 그 부모의 사랑 스토리는 흥미를 불러 일으킨다. 공자의 아버지는 하급 무관 출신으로 공흘이라는 사람이다(노나라). 그의 나이 70세에 두 번째 결혼을 하였는데 그 대상이 16세의 소녀 안징재였다. 이 둘의 결혼을 야합(野合: 고대에서는 정식 결혼 절차를 거치지 않고 결혼하는 형태를 일컬음)이라 했다.

여하튼 그 두 사람의 관계에서 아버지 공흘은 그 소녀를 지극히 아끼고 사랑했다고 할 수가 있을 것이다. 이러한 사랑의 결실로 공자라는 걸출한 인물을 낳게 되었음은 신기한 일이라 할 것이다. 공자의 나이 3세 때에 그 아버지는 세상을 떠나고 어머니가 공자를 길렀는데 어머니 역시 공자 나이 24세 때에 세상을 떠나고 만다.

5

장영실 부모의 미친 사랑

　조선이 낳은 최고의 과학자 장영실은 동래현의 관노(官奴)였다. 신분 계급이 엄연했던 조선시대에 관노였던 장영실이 종3품 대호군에 이른 것은 그의 과학적인 뛰어남을 귀중히 여긴 세종대왕의 선택이었다.

　분명한 사실은 장영실이 조선의 과학 문명에 크게 기여한 사람이라는 점이다. 만약에 장영실이라는 사람이 태어나지 아니했다면 조선의 과학 발전이 많이 늦어질 수밖에 없었을 것이다.

　그 장영실의 부모의 사랑에도 흥미가 가는 면이 있다 할 것이다. 장영실의 아버지 장성휘(蔣成暉)는 아산 장씨의 후손으로, 그의 조상은 중국 송(宋)나라의 장서라는 사람이며 고려에 귀화한 사람이었다. 그 후손인 장성휘와 동래현의 관기(官妓)였던 여인과의 열렬한 사랑으로 장영실이라는 인물이 태어나게 된 것이다. 어머니의 신분 때문에 장영실도 관노가 된 것이었다.

주목할 것은 장영실의 아버지와 그 어머니의 사랑이 흥미롭다는 것이다. 양반인 장성휘가 동래군에 기술 고문으로 와 있었을 때에 기생을 만나서 사랑을 나누어 장영실이 태어났다는 것이다. 그 두 사람의 사랑에 대한 기록은 없지만 분명한 것은 뜨거운 사랑의 결실에서 뛰어난 자손이 태어난다는 사실이다.

6

보통 사람들의 사랑

필자가 가까이서 경험한 지인 자녀들의 사랑의 스토리를 소개하고자 한다.

✤ 두 청춘이 결혼에 골인하다

캠퍼스 커플이었던 두 청춘이 적당한 나이에 결혼을 하였다. 양가의 축복 속에 맺어진 사이다. 둘은 수년 동안 열렬한 사랑을 하였으며 결국 결혼에 골인한 케이스다.

둘 사이에는 아들과 딸이 태어났다. 아이들도 부모의 돌봄과 깊은 사랑으로 길러지고 있어 밝고 명랑한 아이들로 자라나고 있다.

조부모와 외조모의 깊은 사랑도 함께 받으면서 행복하게 성장하고 있다.

✤ 결혼식에도 참석하지 않았다

딸이 사랑하는 사람과의 결혼에 부(父)가 반대한다. 그러나 딸은 자신의 사랑을 지켜내며 결혼에 골인한 케이스다. 분명 그 둘의 사랑은 미친(美親) 사랑이었을 것이다.

그렇기에 부의 적극적인 반대에도, 그리고 결혼식에 불참함에도 불구하고 결혼을 한 것이다. 그들 사이에는 딸이 태어나서 자라고 있으며 행복한 가정을 이루고 있다.

✤ 사랑이 깨어지고 극단적인 선택을 하다

한 청년이 한 아가씨를 사랑하여 둘은 행복한 연애 시간을 보내고 있었다. 그런데 청년의 부(父)가 지식인이요, 부유하며, 아들은 앞날이 창창한 의과대학원생이었다. 그 청년에 비하여 아가씨의 집은 보통의 집이었다. 그러나 두 사람의 사랑은 뜨거웠으며 결혼까지 약속을 하기에 이른다.

이에 청년의 아버지가 반대하면서 문제가 일어나고 말았다. 결국 두 청년은 헤어지게 되고 아가씨를 그리워하던 청년은 극단적인 선택을 하고 말았다.

그러한 선택으로 말미암아 부모에게 심각한 아픔을 주었으며 그 아픔의 세월은 길고 긴 세월로 흘러가고 있다.

너무나 슬픈 결말이다. 후회해도 이미 늦고 만 것이다. 가정해야 소용이 없지만 둘의 사랑을 맺어주었더라면, 그 미친(美親) 사랑이 이루어졌더라면….

✣ 사랑이 깨어지고 결혼은 늦어지고 있다

3남매의 맏이인 한 청년이 한 아가씨와 만나 사랑을 나누었다. 두 사람은 자신들에게 찾아온 사랑을 지키면서 행복해했다.

그리하여 양가의 부모에게 결혼을 승낙받고자 했으나 청년의 부(父)가 반대하기에 이른다. 그 이유는 자신들과는 어울리지가 않는 사돈이라는 것이다. 자신은 유명 회사의 이사(理事)요, 부유한 집인데 비하여 사돈은 보통의 사람이었다. 두 청년도 결국은 결혼에 이르지 못하고 헤어지고 만 것이다.

그런데 동생 두 사람은 결혼에 성공하였으나 이 청년은 아직도 결혼을 하지 못하고 있는 케이스다. 세월은 흘러 10여 년 가까이 지나가고 있으나 새로운 사랑의 대상을 만나지 못하고 있는 상태다. 언제 새로운 사랑의 대상을 만날 수가 있을지 아직도 미정인 상태다.

부모가 후회해도 역시 소용이 없는 케이스다. 그 아가씨와 결혼을 시킬걸…. 그랬더라면 10년의 세월이 그리 허무하게 지나가지 않았을걸….

✣ 부모의 노력이 필요하다

부모는 자녀의 사랑 문제를 생각하고 생각하고 또 생각해야 한다. 자녀가 사랑하는 대상을 존중하고 그 부모를 존중하는 마음으로 생각해야 한다. 자녀가 사랑하는 대상을 만나는 등의 노력을 해야 한다.

특히 가정이 가진 부(富)가 기울어졌다든가 등등의 이유로 반대해서는 안 된다. 만약 반대를 하더라도 자녀가 수긍할 수 있는 충분한 이유를 제시해야 하고, 동의를 받아내야 한다.

그러니 결론은 하나다. '네가 사랑할 대상이니 네가 신중히 결정해라. 너의 결정에 부모는 따르겠다'이다.

05

다(多)자녀를 낳은
가정의 승리

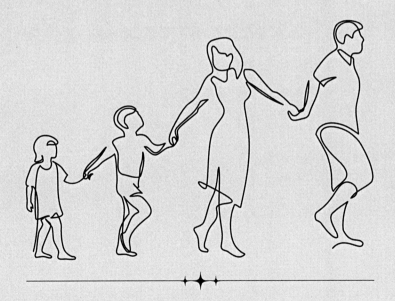

낳고 낳고 낳고

자녀가 많이 태어난 가정은 장점이 많다
는 것을 우리는 안다.
　그 장점들은 이루 말할 수 없이 많다 할
것이다. 형제들끼리 부대끼며 살아가면서
자연히 터득하는 장점들이 많다는 것이다.

　– 사회성이 길러진다.

　– 협력할 줄 아는 사람으로 자라난다.

　– 양보할 줄 아는 사람이 된다.

　– 경쟁하면서 살아가기에 살아남는 방법도 터득한다.

　– 우애하고 시기, 질투하면서 자신을 조절할 줄 알게 된다.

　다자녀 가정에서 뛰어난 인물이 자라난
사례를 역사 속에서 찾아보자.

1

다윗
(8번째 아들)

다윗은 이스라엘 나라의 영웅이다. 그는 통일 이스라엘을 이룬 왕이요, 하나님의 마음에 합한 자였다. 그는 하나님을 기쁘게 하는 시편을 **73편이나** 쓴 왕이다. **시편 전체가 150편인데 그중에 73편을 썼으니 대단한 시인인 것이다.**

그 다윗은 8형제 중에서 막내 8번째 아들이었다. 아버지 이새와 어머니가 7번째 아들을 낳고는 이만하면 아들이 많다 하고 자녀 낳기를 중단했더라면 다윗은 태어나지 못했을 것이다.

8번째 아이를 낳았으니 다윗이 태어난 것이다. 그 다윗이 이스라엘 나라의 영웅이요, 걸출한 시인이요, 아버지 이새의 이름을 빛나게 한 아들이 되었다.

자녀가 많이 태어나는 것은 좋은 일이며 축복받은 일이다. 다자녀 가정의 승리다.

낳고 낳고 낳고

2

박정희 대통령
(7남매의 막내아들)

대한민국을 오늘날의 경제대국(經濟大國) 부국(富國)으로 이끈 박정희 대통령은 7남매(5남 2녀) 중에 막내아들이다. **아버지 박성빈(朴成彬)과 어머니 백남의(百男義)가 6남매를 낳고는 자녀 낳기를 중단해버렸다면 7번째 박정희는 태어나지 못했을 것이다. 그리되었다면 오늘날 우리 대한민국의 경제는 어떻게 되었을까!** 참으로 아찔하다는 생각이 든다. 다행히도 그 가정에 일곱째가 태어났으니 말이다. 그 일곱째가 바로 박정희다. 그가 태어남으로 인하여 대한민국과 오늘날의 우리들은 경제적인 여유를 누리면서 살게 된 것이다.

박정희 대통령의 딸 박근혜는 대한민국의 대통령이 되었다. 아버지와 딸이 대한민국의 대통령이 된 것이다. 그 가정의 승리다. 그 가정의 영광이다. 이처럼 다 자녀의 자녀들이 그 가정을 승리의 가정으로 이끈다.

3

율곡 이이
(7남매의 5번째 아들)

율곡 이이 선생은 이조판서를 역임한 정치가요, 조선이 낳은 대학자다. 그는 퇴계 이황과 함께 조선을 대표하는 성리학자였다. 그의 어머니 신사임당(1504~1551)은 여류 시인이며 조선을 대표하는 여성으로 유명하다. 이이의 아버지는 이원수(1501~1561)다. 이들 부부 사이에는 7남매가 태어났다. 4남 3녀 중에 이이는 5번째로 셋째 아들이었다.

이이는 자신도 대학자이지만 그 어머니 역시 조선의 대표 여류 시인이었다.

낳고 낳고 낳고

4

——∞∞——

존 F. 케네디 대통령
(9남매의 2번째 아들)

　미국의 대통령 존 F. 케네디는 9남매(4남 5녀) 중에서 둘째 아들로 태어났다. 아일랜드 이민자의 후손인 아버지 조지프 패트릭 케네디는 영국 대사를 지낸 명문가 집안이며, 어머니의 아버지는 보스턴 시장을 지낸 명문가의 딸 로즈 피츠제럴드다. 두 명문가의 자녀의 결혼으로 인하여 미국에는 케네디 가(家)라는 명문가(名門家)가 탄생하게 되었다.

　케네디 대통령의 동생 로버트 케네디는 법무장관으로, 동생 에드워드 케네디는 상원의원으로 봉사하였다. 케네디 대통령의 딸 캐롤라인 케네디는 일본 대사, 호주 대사를 역임하였으며 종손자 조 케네디 3세는 북아일랜드 대사였다.

　이처럼 존 F. 케네디 가(家)는 미국에서 국가에 봉사하는 인물들이 되었다. 9남매의 승리 스토리다.

5

17남매 중 15번째 막내아들
벤자민 프랭클린

　미국 건국의 아버지 벤자민 프랭클린(1706~1790)은 17남매 중에서 15번째이자 막내아들로 태어났다. **그는 외교관, 과학자, 발명가, 언론인, 사회활동가로서 탁월한 업적을 남긴 인물이다.**

　가난한 집에서 태어났기에 그의 학력은 초등학교 3년 정도다. 그러나 그는 자신을 엄격하게 훈련시켜서 독학으로 학문에도 발전을 이루었다. 그는 미국 건국의 아버지 176명 중 한 사람으로서 나라 건국에도 지대한 공로를 남긴 사람이다. 그의 아버지는 첫째 부인에게서 7남매를 낳았으며 둘째 부인에게서 10명의 자녀를 낳았다. 프랭클린은 15번째로 태어나고 아들로서는 막내이며 두 명의 여동생이 있었다.

　그의 자서전에서는 선조와 자신의 뿌리를 찾아 5대조까

지를 기록하고 있다. 그 프랭클린은 나라에 공헌하고, 그리고 그 가문의 전통과 종교와 직업 등이 기록되어졌다.

그의 자서전을 보면 사람들이 흔히 말하는 것들, 즉 '나는 왜 이런 집에서 태어났을까?', '나는 왜 이렇게 머리가 나쁠까?', '아무리 노력해도 안 되니 포기할 수밖에 없어'라는 말들에 대해 프랭클린은 '그 모든 것은 핑계에 지나지 않는다'라고 했다. 그는 주어진 하루를 단 한순간도 헛되이 쓰지 않으려 노력했다고 한다. 그가 일생에서 이룬 업적은 놀랍다고 말할 수 있다.

6

의령에 사는 10남매

경상남도 의령에 사는 10남매가 뉴스의 주인공이 되었다. 박성용(50세), 이계정(48세) 부부가 10남매를 낳아 기르고 있다.

이들 가족은 2019년부터 가족 모두 악기 한 가지씩 맡아 밴드를 결성했다. 의령군에서는 1년에 4차례 고정적으로 무대에 서게 했다. 이 가족이 전하는 말에는, 다자녀를 둔 정겨움과 행복이 묻어나고 있다.

'용기를 가져야 아는 기쁨은 값져요.'

'생업 멈춰가며 육아에 투혼하고 있다.'

사회 곳곳에서 이 가족에게 지원을 아끼지 않고 있다는 소식이다.

낳고 낳고 낳고

– 첫째 박예서(20)에게 대학 4년간의 등록금을 지원하 겠다는 서울 소재 장학재단이 나타났다.
– 국가가 지원하는 것 외에, 의령군에서도 지원을 하고 있다.
– 부부에게 종합검진 티켓이 주어졌다.

10남매가 자라나서 어떠한 스토리를 쓸지 아무도 모른다. 그러나 분명히 나라를 위하여, 사회를 위하여, 인류를 위 하여 유익을 주는 인물이 나타날 것이라 기대한다.

7

용인의 5남매 스토리

용인에 살고 있는 정승원(46세), 장영옥(40세) 부부는 5남매를 낳아 기르고 있다.

첫째는 의젓하고 둘째는 섬세하며, 다섯 아이 모두 각자의 아름다움이 있다. 다섯 아이의 엄마 장영옥 씨는 **아이마다 서로 다른 매력을 볼 때 이 아이 낳지 않았으면 어쩔 뻔 했나** 하는 생각이 든다고 기자에게 말한다. 이처럼 아이들은 각자 특유의 매력을 발산하면서 엄마와 아빠에게 기쁨을 주고 있다.

다둥이를 낳은 엄마 아빠의, 그 어마어마한 기쁨의 이야기를 듣고 싶다.

낳고 낳고 낳고

낳고 낳고
낳고

06

잘 기르려고
애쓰지 말자

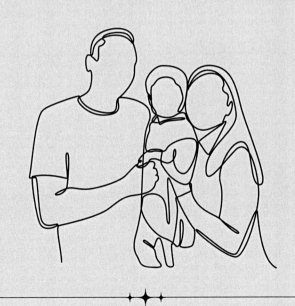

아이는 스스로 자란다. 부모의 역할도 중요하지만, 아이가 한 인격체로 성장하는 과정 전체를 부모가 통제할 수는 없다.

아이를 자라게 하시는 이는 하나님이시다. 이어지는 내용을 통해 자세히 살펴보도록 하자.

1

아이는 태어나면
자라나게 되어 있다

  오늘날의 부모들은 자녀를 기르는 문제에 너무 많은 에너지를 쏟는(concentrate) 것 같다. 그래서 학원에 보내고 특별 과외를 하는 등 힘에 겹도록 자녀에게 정성을 쏟고 있다.

  혹 옛 사람들의 경우를 말하면 다음과 같이 답할 수도 있겠다.

  '시대가 다르지 않느냐?'

  '그때와 지금은 다르다.'

  '요즈음 부모는 그 정도는 해야 된다고 한다.'

  필자가 말하고자 하는 것은, 부모가 자녀에게 정성을 쏟지 말라는 것이 아니다. 어느 부모나 자녀를 잘 기르려고 애를 쓰는 것이 당연하다.

낳고 낳고 낳고

그러나 우리가 알아야 할 것이 있다.

한 사람을 말할 때에 우리는 그의 전체(total)의 인격을 말한다.

예수는 그 지혜와 그 키가 자라가며 하나님과 사람에게
더 사랑스러워 가니라

– 누가복음 2:52

한 사람을 말할 때에 전인적인 인격에는 4가지 부분이 있다.

－ 그 지혜(생각과 마음)가 있다.
－ 키(몸)가 있다.

– 종교적인 관계가 있다.

– 사람과의 관계 즉, 사회성이 있는 존재다.

사람은 더 총체적인 존재다. 사람은 단순한 존재가 아니다. 복잡하고 포괄적으로 판단해야 하는 존재다.

이러한 존재를 그 부모가 다 해줄 수는 없는 것이다. 통제 불가능한 것이다. 이러한 존재인 사람에게 부모가 해줄 수 있는 것은 작은 부분일 뿐이다.

사람들은 마치 자녀에 대하여 부모가 무엇이든지 다 해주어야 하는 것처럼 생각한다. 그리 생각하는 것은 사람의 존재를 정확히 알지 못한 소치다.

자녀에 대하여 부모가 해줄 수 있는 부분은 작은 부분이며, 이러한 이유를 부모는 충분히 알아야 한다.

그렇기에 자녀를 '잘 길러갈 자신이 없어서', '경제적인 부담이 너무 커서', '학원에 보낼 수가 없어서' 등등… 그러한 이유는 잘못된 이유일 뿐이다.

생각해보라.

부모가 해줄 수 있는 부분이 작은데 어찌하여 그러한 이유로 인하여 존귀한 생명이 태어남을 방해하는 것인가?

부모의 잘못된 선택으로 인하여 태어날 귀중한 생명이 빛을 보지 못하는 것이다. 이 점을 깊이 생각해야 한다.

2

자라나게 하시는 분은
하나님이시다

나는 심었고 아볼로는 물을 주었으되 오직 하나님은 자
라나게 하셨나니

- 고린도전서 3:6

채소도, 나무도, 식물들도 심는 사람이 있고 물을 주는
사람이 있지만 자라나게 하시는 이는 하나님이시다.

사람도 마찬가지다.

부모가 할 일이 있다. 그것은 정성을 다하여 자녀를 돌
보는 일이다. 학원도 보내고, 등등…. 그러나 분명한 사실
은 부모가 그 자녀를 한 인격체로서 자라나게 할 수는 없
다는 점이다.

**세상의 부모들이 원하는 대로 자녀들이 자라나는 것이
아니다.** 인격이나 사람의 됨됨이나 가치관 등을 보면 부모

가 원하는 대로 자녀가 자라나는 경우가 드물다. 또한 부모가 원하는 대로 자라난다고 해서 꼭 잘 살아간다는 보장도 없다. 더욱이 그 자녀가 행복하게 살아간다는 보장은 더더욱 없다.

쉽게 말하자.

공부를 많이 했다고 그 자녀의 인생이 행복하리라는 보장은 없는 것이다. 마찬가지로 공부를 적게 했다고 해서 그 자녀의 인생이 행복하지 말라는 법도 없는 것이다.

자녀의 미래를 부모가 어찌할 수 없는 경우는 너무나 많다. 그렇기에 부모는 부모가 할 수 있는 대로만 하면 되는 것이다. 부모로서의 책임을 다하려 애쓰면 되는 것이다. 자녀는 한 인격체로서 자신의 삶이 있는 것이다.

부모가 해줄 수 없는 것들이 너무나 많다.

이러한 것을 부모가 이해한다면 자녀에게 공부를 많이 시키기 위하여 애를 쓸 필요는 없는 것이다. 그러므로 **자녀를 공부시키는 것 등의 문제로 자녀를 낳지 않겠다는 것은 핑계일 뿐이다.**

자녀는 태어나면 한 사람의 인격으로 성장하고 살아갈 수가 있는 것이다.

- **미국에 입양되었다가 장성하여** 그 낳은 부모를 찾기 위하여 한국에 오는 입양자들이 많이 있다. 그들의 사연을 매스컴이 전하는 바가 종종 등장한다.
- 프랑스로 입양되었던 한국인 **'플뢰르 펠르랭'은** 프랑스의 문화부장관이 되었다. 그녀는 아시아계로서는 최초로 프랑스의 장관이 된 사람이다. 그녀는 서울의 한 판자촌에서 태어난 지 며칠 만에 발견되어서 프랑스로 입양된 아이였다. 이 사람의 부모는 그 자녀를 낳았으나 기를 수가 없었던 케이스다. 누가 길렀는가? 프랑스의 양부모가 길렀다. 생명은 태어나면 그 누군가를 통해서 자라나게 되어 있다.

– **'악성' 루드비히 판 베토벤은** 둘째 아들로 태어났다. 그는 지독한 아버지를 만났다. 그의 아버지는 술주정뱅이로 유명하다. 어머니가 일찍 세상을 떠나고 아버지는 알콜 중독자가 되었으니 그는 청년 때부터 가장(家長)의 역할을 해야만 했다. 이러한 악조건 속에서도 그는 위대한 음악가가 되었다. 사람이 자라날 때는 보통 말하는 가정의 환경이 절대적일 수 없다는 것이다. 시련과 악조건을 이겨내고 위대한 사람이 된 경우도 많다는 것이다.

3

고모 집에서 자라나는 아이

남동생이 결혼하여 아들을 낳았는데 가정에 문제가 있어 이혼을 하게 되었다. 2세가 채 안 된 아이는 아빠 홀로 키울 수가 없는 형편이었다. 아이는 고아원에 가거나, 입양이 되어야 할 상황에 이르렀다. 아이를 불쌍히 여긴 고모부와 고모가 아이를 기르겠다고 하여 자신들의 자녀처럼 기르고 있다. 이미 고모 부부에게는 3남매의 자녀가 있었다. 그럼에도 불구하고 조카를 아들로 삼아 잘 기르고 있는데 이미 초등학교 5학년이다.

아이는 태어나면 그 누군가에 의해 길러지는 것이다. **확실하게 말하면 아이의 태어남이 하나님의 뜻이었기에 하나님이 그 아이를 책임지고 기르시는 것이다. 그 누군가의 마음에 감동을 주어서 말이다.**

아이를 기르는 고모의 큰아들이 결혼하여 손주도 태어

나 자라고 있다. 그 며느리가 참으로 시부모에게 사랑스러운 며느리로 입소문이 났다. 시모와 며느리의 관계가 너무나 좋은 관계다. 요즈음 그러한 며느리를 만나는 것은 기적이라 할 정도다.

이는 조카를 길러주는 그 정성에 대한 하나님의 선물인 것 같다. 한 사람의 귀중한 생명을 기르니 하나님께서 축복하시는 것이다.

07

낳고 낳고 낳고
– 자녀를 낳아야 할 이유

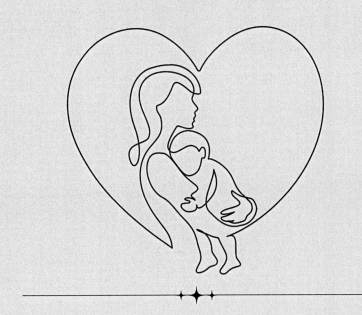

2023년 4~6월 기준 대한민국의 합계 출생률이 0.7명으로 역대 최저를 기록했다는 소식이 들려왔다. 이는 합계 출산율이 OECD 38개 회원국 중 가장 낮다는 것이다. 2021년 기준 OECD 합계 출산율 평균이 1.58명이다. 프랑스(1.8명), 미국(1.66명), 영국(1.53명), 일본(1.3명) 순이며 당시 한국(0.8명)을 제외한 37국이 모두 1명 이상이라 한다.

이 통계를 보면 한국의 합계 출산율은 위기 중의 위기다. 이 심각한 문제를 해결하지 않으면 한국의 미래는 암울하다고 평가할 수밖에 없다. 인구가 줄어들고 줄어들고 그리하다가 한민족이 지구상에서 존재도 없이 사라지고 말 수도 있는 것이다.

　필자는 이 심각한 문제를 어떻게 해결할까 생각해보았다. 젊은이들이 결혼하고 자녀를 생산하는 등의 문제는 그들의 선택에 달려 있다. 그들의 선택을 강제할 수 있는 것은 그 무엇도 없다.

낳고 낳고 낳고

그렇다면 자녀 생산의 문제가 과연 어떠한 문제인지 심각하게 고민하고 있는가 질문하게 된다. 자녀를 낳아도 되고, 낳지 않아도 되는 일인가?

그 누구라도 이 문제를 가벼이 생각하지 않을 것이다. 그러니 자신의 선택이 얼마나 심각한 일인가를 깊이 따져야 함은 당연한 것이다.

필자는 이 책을 통하여 자녀를 생산하는 문제에 대하여 다방면으로 검토하고 독자의 판단을 돕고자 함이다.

1

자녀를 낳아야 하는 이유들

자녀 생산은 사람이 누릴 수 있는 최고의 축복이다.
필자는 기독교 목사로서 평생 성경을 읽으면서 살아왔
다. 성경에는 자녀의 생산이 최고의 축복이라 표현되어 있
음이 여러 곳에 나타난다.

> 여호와께서 네게 주리라고 네 조상들에게 맹세하신 땅에
> 서 네게 복을 주사 네 몸의 소생과 가축의 새끼와 토지의
> 소산을 많게 하시며
>
> – 신명기 28:11

하나님께서 주시는 축복의 내용 중 첫째가 자녀고, 그 다
음이 물질이다. 왜 성경은 자녀가 태어나는 것을 최고의
축복이라 했을까? 그 이유를 분명히 알아야 한다.

낳고 낳고 낳고

무엇보다도 사람은 하나님의 형상(image)으로 창조되었다. 그러니까 세상의 모든 만물 중에서도 사람만이 하나님의 형상을 닮게 한 것이다. 이는 사람만이 누리는 특권인 것이다. 그래서 하나님은 사람을 특별히 사랑하시고 그리고 복을 주시면서 **"생육하고 번성하여 땅에 충만하라, 땅을 정복하라, 바다의 고기와 공중의 새와 땅에 움직이는 모든 생물을 다스리라"** 하셨다.

그러므로 사람이 자녀를 생산해야 하는 이유를 충분히 알 수가 있다 할 것이다. 사람은 존귀한 존재요, 만물을 다스리는 존재다. **그렇기에 나도 존귀할 뿐 아니라 내가 낳아야 할 자녀들도 존귀한 존재인 것이다. 그 존귀한 존재들을 많이 생산해야 하는 것이다.**

2

예수 그리스도의 계보

신약성경의 시작 마태복음은 1:1에서부터 '낳고-낳고-낳고'로 시작이 되고 있다.

신약성경은 인류의 구주요 스승이신 예수 그리스도의 활동과 그 제자들의 활동을 중심으로 기록한 성경이다. 그 신약성경을 시작하면서 예수 그리스도의 족보로 시작하여 자녀가 태어나는 일부터 언급을 하고 있다.

> 아브라함과 다윗의 자손 예수 그리스도의 계보라(A record of the genealogy of Jesus Christ the son of David, the son of Abraham)
>
> – 마태복음 1:1(Matthew 1:1)

믿음의 선조 아브라함의 후손이 다윗이라는 것이다. 다

윗이 태어나지 아니했다면 다윗이 이스라엘의 적국 블레셋 나라의 골리앗 장군을 이기고 승리한 그 용맹한 스토리는 없을 것이다. 다윗이 이 땅에 태어났기에 그 흥미진진한 스토리가 이스라엘 민족 영웅을 탄생하게 했던 것이다.

만약에 다윗이라는 인물이 태어나지 아니했더라면 하고 가정을 해본다면, '다윗의 별' 이스라엘의 자랑거리는 없었을 것이다. 다윗은 한 민족의 우뚝 선 자랑이 되고 있는 것이다.

다윗이라는 이스라엘의 영웅이 태어났다는 것이 중요하다. 사실 따지고 본다면 필자도 이 땅에 태어났기에 이러한 글을 쓰고 있는 것이다. 이 땅에 태어난 수많은 사람들의 스토리가 역사 속에서 이루어지고 있는 것이다. 독자께서도 이 땅에 태어났기에 이 책을 읽고 있는 것이다.

3

성모 마리아의 계보

   신약성경은 예수 그리스도의 아버지의 족보만이 아니라 **어머니 마리아의 족보도 자세히 기록하고 있다.**

   신약성경 누가복음 3:23~38까지는 요셉의 이름으로 기록되어 있어 요셉의 족보로 볼 수도 있으나 실제로는 마리아의 족보다. 그리하여 마리아의 선조는 다윗의 3남 나단이라 했다. 예수의 아버지 요셉의 족보는 솔로몬으로 이어지는데 그 솔로몬은 다윗의 4남이다. 이렇듯 어머니 마리아의 족보도 성경은 상세히 기록하고 있다.

4

─── ⟨∾⟩ ───

이스라엘의 족보

신약성경에서 예수 그리스도의 족보를 기록하듯이 구약 성경에서도 사람의 족보를 기록하는 것이 대단히 중요했 다. 역대상 1:1은 다음과 같이 인류의 조상인 아담으로부 터 시작하고 있다.

'아담, 셋, 에노스(역대상 1:1)', '에녹, 무두셀라(역대상 1:3)', '라멕, 노아, 셈, 함과 야벳(역대상 1:4)'

역대상에서는 1:1부터 계속하여 족보를 기록하고 있다. 인류의 조상 아담으로부터 시작하여 이스라엘의 12지파 와 그 자손들의 이름을 기록하고 있는 것이다.

이처럼 성경에는 사람들의 족보에 대한 기록이 여러 곳 에서 나타나고 있다. 이는 사람의 그 뿌리를 기록하고 있 는 것이다. 오늘날 이스라엘의 총리인 베냐민 네타냐후도

베냐민 지파의 후손임을 나타내고 있다. 우리들의 이름에
도 '김ㅇㅇ', '이ㅇㅇ', '박ㅇㅇ'라고 표현하고 있다. 이처럼 사
람은 그 이름으로 자신의 뿌리가 누구인가를 나타내고
있는 것이다.

낳고 낳고 낳고

5

남자와 여자는 평등하다

하나님이 자기 형상 곧 하나님의 형상대로 사람을 창조
하시되 '남자'와 '여자'를 창조하시고

- 창세기 1:27

여호와 하나님이 아담을 깊이 잠들게 하시니 잠들매 그
가 그 '갈빗대' 하나를 취하고 살로 대신하여 채우시고
여호와 하나님이 아담에게서 취하신 그 갈빗대로 여자
를 만드시고 아담에게로 이끌어 오시니

- 창세기 2:21~22

성경에는 사람을 창조하신 기록이 두 가지로 나온다. 하
나는 남자와 여자를 창조하셨다. 그리고 다른 하나는 아
담의 갈빗대를 취하여 여자를 만드셨다 한다. 왜 이렇게

두 가지의 표현이 있을까? 그 이유를 성경학자들이 밝혔는데, 그것은 창세기 1장의 기자와 창세기 2장의 기자가 다르다는 것이다.

즉, 사람을 창조하신 분은 하나님이신데 그 세부 사항의 기록은 기자에 따라 달리 표현했다는 것이다. **중요한 것은, 사람을 창조하신 분은 하나님이시라는 점에 대해서는 의견이 같다.**

오늘날도 한 사건이 일어났을 때에 조선일보 기자와 한겨레신문 기자의 논조는 다를 수가 있다. **그러나 그 사건이 일어났다는 사실에 대해서는 두 기자가 일치한다.** 그 사건을 두고 표현하는 기자의 논조에 따라 다르게 표현하고 있는 것이다.

그런데 두 가지 기사를 두고 적용하는 사람에 따라 강조점이 달라질 수가 있다. 갈빗대로 여자를 만들었다는 성경을 인용할 때는 여자는 남자보다 무엇인가 부족한 존재라고 말할 수가 있다. 그러나 남자와 여자로 창조하셨다는 성경을 인용할 때에는 남자와 여자의 평등함을 말할 수가 있는 것이다.

낳고 낳고 낳고

시대는 발전하여 오늘날에는 남자와 여자의 평등함을 강조하는 창세기 1장을 인용하는 것이 대세다. 특히 여성 신학자나 여성 목사들은 남자와 여자를 창조하셨다는 창세기 1:27을 인용하여 여자와 남자의 평등함을 강조하고 있다.

이전 세대인 남성 우월주의 시대에는 아담의 갈빗대로 하와를 만들었다는 창세기 2:21~22를 인용하는 것이 대세였다. 성경은 원래가 사람의 평등을 말씀하고 있다. 차별이 없는 것이다. 구약성경을 지나 신약성경에 이르러서는 예수 그리스도의 어머니 마리아의 족보도 기록이 되어 있다는 것이다.

6

신사임당과 허난설헌의 족보

조선의 족보에는 여자가 결혼을 하면 그 남편의 족보에
등재되었다. 그러므로 여자의 아버지와 어머니도 등재된다.

✤ 신사임당

신사임당은 존경받는 조선의 여자로서 시(詩), 서(書), 화
(畵)의 대가다. 그녀는 율곡 이이의 어머니로도 유명하다.

그녀는 평산신씨로서 아버지는 신명화(1476~1522)이며 어
머니는 용인이씨 이사온의 딸과의 사이에서 5녀 중 2녀
다. 남편은 이원수(1505~1561)와의 사이에서 4남 3녀를 낳
았다. 3남이 바로 이이 율곡인 것이다.

낳고 낳고 낳고

신사임당의 집안은 강원도의 대표적인 명문가 중 하나로
증조부는 성균관 대사성, 조부는 영월군수를 지냈다. 부친
인 신명화는 벼슬은 하지 않았으나 명망 있는 인사였다고
한다. 이처럼 신사임당의 족보도 엄연히 존재하고 있다.

✤ 허난설헌

허난설헌(1563~1589)은 시인, 문장가, 화가로서 유명하고
조선 최초로 문집을 간행한 여성이며 27세의 나이로 요절
한 분이다.

그녀의 본명은 허초희(楚姬)이며 호가 난설헌이다. 『홍길

동전』으로 유명한 허균의 누나다. 그녀의 아버지는 영천허
씨의 허엽이며, 어머니는 강릉김씨 광철의 딸이다.

　그녀의 남편은 서당 김성립(誠立)이며 그는 이조참판을
제수받았고 그리하여 난설헌도 정부인이 되었다.

낳고 낳고 낳고

7

—— ⸙ ——

하나님이 주시는 두 가지 복(福) 중
첫째가 자녀 생산이다

신약성경만이 아니라 구약성경 창세기에서는 사람의 존재가 누구인가를 정의하고 있다. 사람은 만물의 영장이요 너무나 존귀한 존재라고 했다.

> 하나님이 자기 형상 곧 하나님의 형상대로 사람을 창조하시되 남자와 여자를 창조하시고(So God created man in his own image, in the image of God he created him, male and female he created them)
>
> – 창세기 1:27(Genesis 1:27)

사람의 존재는 무엇인가? **그는 하나님의 형상으로 창조된 존재다. 천지 만물을 창조하신 창조주 하나님의 모습으로 만들어진 존재다.** 그러므로 사람은 존귀한 존재다. 너무나 존귀한 존재다. 그러므로 사람은 누구라도 너무나 존귀한 존재임이 분명하다. 그리 창조된 것이다.

뿐만 아니라 사람을 창조하신 하나님께서 그들에게 축복하시고 있다.

그 복의 내용은 생육하고 번성하여(Be fruitful and increase in number) 땅에 충만하라(창 1:28), 땅을 정복하라, 바다의 고기와 공중의 새와 땅에 움직이는 모든 생물을 다스리라고 하셨다. **생육하고 번성하는 일, 그것은 바로 자녀의 숫자가 많아지라는 뜻이다.**

그도 그럴 것이 자녀가 태어나지 아니하면 나라가 어찌 형성될 것이며, 가문이 어찌 형성될 것인가? 당연히 자녀를 생산하지 않은 그 사람의 존재는 잊혀갈 뿐이다.

그러므로 하나님은 사람에게 주시는 복이 자녀 생산이라 하신다. 그것을 성경은 아브라함의 자손 대대로 말씀하시고 있다.

> **내가 네 자손으로 땅의 티끌 같게 하리니 사람이 땅의
> 티끌을 능히 셀 수 있을진대 네 자손도 세리라**
>
> – 창세기 13:16

낳고 낳고 낳고

그를 이끌고 밖으로 나가 이르시되 하늘을 우러러 뭇별을
셀 수 있나 보라 그에게 이르시되 네 자손도 이와 같으리라

- 창세기 15:5(아브라함에게 주신 말씀)

네 자손을 하늘의 별과 같이 번성케 하며 이 모든 땅을 네
자손에게 주리니 네 자손을 인하여 천하 만민이 복을 받으
리라

- 창세기 26:4(아브라함의 아들 이삭에게)

네 자손이 땅의 티끌같이 되어서 동서남북에 편만할지며
땅의 모든 족속이 너와 네 자손을 인하여 복을 얻으리라

- 창세기 28:14(이삭의 아들 야곱에게)

하나님은 아브라함과 그 아들 이삭과 그리고 야곱에게
도 같은 내용의 축복을 하시고 있다. 그것은 바로 자녀의
축복이다. 아브라함에게 너의 자녀가 하늘의 별과 같이,
그리고 땅의 티끌같이 많아지게 해주시겠다고 하셨다. 같
은 내용의 약속을 아들과 손자에게까지 해주시고 계시는
것이다. 하나님께서 축복하시기로 약속하신 자녀 축복의

말씀을 아브라함의 가문 대대로 해주시고 있다.

이처럼 자녀가 많이 생산됨은 하나님의 뜻이다. 사람이 복된 이유는 무엇인가? 그것은 하나님의 뜻을 따름에 있다 할 것이다.

- 인류의 역사 이래로 하나님의 뜻을 따른 자들이 모두 다 복된 삶을 살았다. 다윗이 그러했고, 아브라함 링컨이 그러했다. 인류의 문명을 발전시킨 사람들 중 다수의 사람들이 기독교인들이다. 전기를 발견하고, 증기기관차를 만들고, 비행기를 만들고, 사람들을 살리는 의학 백신들을 만들어내는 등, 만류 인력을 찾아낸 뉴턴과 발명왕 에디슨 등 기독교인들이 인류에 공헌해왔다.

- 세계의 지도를 펼쳐보라. 제1세계라고 하는 나라들인 미국, 영국, 독일, 프랑스, 이탈리아, 러시아, 호주, 캐나다, 뉴질랜드, 스위스 등은 기독교 국가들이다. 제3세계라고 하는 나라들인 아프리카의 여러 나라, 아시아의 인도, 파키스탄, 방글라데시, 캄보디아 등은 기독교 국가가 아니라 타 종교를 믿는 나라들이 대부분이다.

낳고 낳고 낳고

물론 기계적으로 구분하는 것에는 문제를 지적할 수가 있다. 그러나 기독교 국가들이 세계의 역사를 이끌어왔음을 부정할 수가 없다.

8

자녀가 많은 것은 힘이라 했다

보라 자식들은 여호와의 기업이요 태의 열매는 그의 상급
이로다 젊은 자의 자식은 장사의 수중의 화살 같으니 이것
이 그의 화살통에 가득한 자는 복되도다 그들이 성문에서
그들의 원수와 담판할 때에 수치를 당하지 아니하리로다

－ 시편 127:3~5

자녀의 숫자를 화살통의 화살로 비유하고 있다. 화살통
에 화살이 없다면 어찌 되는가? 그 사람은 전쟁을 할 수
가 없다. 화살이 많아야 승리할 수가 있다. 그렇기에 자녀
는 힘이라 표현하고 있음이다. 원수와 담판할 때에 자녀들
이 힘이 되어서 승리할 수가 있다는 것이다. 자녀가 자랑
이요 힘이 되는 경우는 수없이 많이 있다 할 것이다.

낳고 낳고 낳고

낳고 낳고
낳고

08

자녀가 태어나면
사랑할 대상이 많아진다

낳고 낳고 낳고

사랑이 없는 삶은 황폐한 삶이다. 자녀가 태어나면 사랑할 대상이 많아지므로 풍성한 삶이 된다.

　또한 자녀들이 그 자녀를 낳으면 사랑할 수 있는 대상이 더 늘어난다. 이로써 사랑으로 가득한 가족 공동체가 이루어진다.

　인간은 누구나 존귀한 존재다. 태어나야 할 한 인간의 생명을 태어나지 못하게 하는 것은 큰 죄악이라 할 수 있다.

1

나의 사랑, 나의 자녀

필자가 어렸을 때 우리 집에 토끼를 길렀다. 토끼의 새끼들을 귀여워하면서 지낸 바가 있다. 그 어미가 새끼들을 돌보는 것을 보면 신기할 정도다. 병아리들이 어미 닭을 종종 따라가는 모습들을 상상해보라. 얼마나 아름다운가! 짐승도 새끼들을 돌보는데 온 정성을 다하는 것을 알 수가 있다.

하물며 사람이랴! 사람은 자신의 새끼들을 돌보는 데 있어 온갖 헌신을 다한다. 왜일까? 창조주 하나님이 사람들을 너무나 사랑하시듯이 사람도 자신의 새끼들을 너무나 사랑하기 때문이다.

자녀가 태어나면 사랑할 대상이 많아진다. 사랑할 사람이 많아지니 그 사람의 삶이 풍성해지는 것이다. 자신의 모든 것을 바쳐 사랑할 수 있으니, 그 사람은 복된 삶을 살고 있는 것이다.

낳고 낳고 낳고

사랑할 사람이 없는 사람은 그 마음이 자신도 모르게 황폐해지고 있는 것이다.

육신을 좇는 자는 육신의 일을 영을 좇는 자는 영의 일을 생각하나니(Those who live according to the sinful nature have their minds set on what that nature desires; but those who live in accordance with the Spirit have their minds set on what the Spirit desires)

– 로마서 8:5(Romans 8:5)

육신의 생각은 사망이요 영의 생각은 생명과 평안이니라 (The mind of sinful man is death but the mind controlled by the Spirit is life and peace)

– 로마서 8:6(Romans 8:6)

사람의 생각은 원래가 sinful nature(죄된 본성)을 가진 존재다. 그러므로 사람의 생각대로 살면 죄된 본성으로 살아갈 수밖에 없다. 그러한 삶의 결과는 행복한 삶과는 멀어지는 것이다. **그 죄된 본성을 다스려주는 그 무엇이 있어야만 한다. 그것이 바로 진리, 사람의 도리, 하나님의 말씀 등으로 표현된다.**

그렇다면 사람의 도리(道理)는 무엇일까? **자신도 이 땅에 태어났으니 자신의 후손도 태어나게 해야 한다.** 자신의 욕망대로 살아가면 후손은 부담으로 다가온다. 그래서 후손을 포기한다. 후손을 포기하면 자신의 미래는 끝이다. 후손이 태어나지 않으니 자신은 그저 사라져가는 존재일 뿐이다.

대신에 자손이 태어나고 또 태어난다면 어떠한 자손이 태어날지 그 누구도 모른다. 그대의 자손 중에 베토벤 같은 사람이 태어날지 아무도 모른다. 그러한 후손이 태어난다고 생각해보라. 얼마나 신나는 일인가! 얼마나 감사한 일인가! 그 후손이 수백 년 전의 할아버지와 할머니를 자랑스럽게 생각한다면 더 이상의 기쁨은 없을 것이다.

그러나 자손이 태어나지 아니한다면 아무런 기대감이

없다. 미래에 기대하는 바가 없다. 나의 존재는 그냥 사라지고 마는 것이다.

2

사람은 너무나 존귀한 자다

하나님께서 사람을 창조하실 때에 하나님이 자기 형상 곧 하나님의 형상대로 사람을 창조하시되 남자와 여자로 창조하시고(So God created man his own image, in the image of God he created him; male and female he created them)

– 창세기 1:27(Genesis 1:27)

사람을 하나님의 형상으로 창조하셨으니 사람은 존귀한 존재다. 천지 만물을 창조하신 하나님의 모습으로 만들어졌기에 사람은 존귀한 존재인 것이다. 예수님은 보이지 아니하시는 하나님의 형상이요(골로새서 1:15), 그림으로 그려진 예수님은 너무나 멋지신 분이시다. 사람이 그러한 존재라는 것이다.

그러므로 내가 존귀한 존재로 이 땅에 왔으니 나의 후손도 존귀한 존재로 이 땅에 태어나게 해야 할 책임이 있는 것이다. **내가 존귀한 나의 후손을 태어나지 못하게 해서는 안 되는 것이다.** 내가 무엇 때문에 나의 존귀한 후손의 태어남을 막아서는 사람이 되고 마는가? 그것은 죄악이다. 태어나야 할 생명을 태어나지 못하게 하고 마니까!

3

카톨릭 신부와 수녀는
결혼을 할 수 있게 해야 한다

　믿음이 있는 가정에서 태어나는 자녀들은 그 부모의 믿음의 전통을 따라 대체로 믿음의 생활을 열심히 한다. 그래서 4대 믿음의 가정, 5대 믿음의 가정 등 믿음의 대수를 자랑한다. 이는 모태로부터 기도하는 것을 경험한 자녀들이 그 믿음을 지켜가는 것이다. '3살 버릇이 여든까지 간다'라는 말이 시사하는 것은, 자녀들이 어릴 적에 부모가 교회 생활을 하고 식사 때에 기도하고, 가정 예배를 드리는 등 믿음의 행위들을 자연스럽게 몸에 익히게 된다는 점이다. 그래서 그들도 교회 생활을 열심히 하게 되는 것이다.

　분명한 것은, 믿음이 있는 가정에 태어나는 자녀들은 믿음이 없는 가정에 태어나는 자녀들보다는 믿음의 생활을 할 확률이 아주 큰 것이다. 그러므로 그 부모의 믿음이 자녀들에게 끼치는 영향이 아주 크다 할 것이다.

　　　　　　　　　　　　　　　　　낳고 낳고 낳고

그런데 카톨릭의 신부, 수녀들은 그 믿음이 보통이 넘는 사람들이다. 저들은 평생을 독신으로 살면서 예수 그리스도께 충성하는 것이다. 즉, 저들은 예수 그리스도와 결혼하여 사는 것으로 비유할 수가 있다. 그러므로 저들의 믿음이 보통이 아님은 분명한 사실이다. 만약에 저들이 결혼하여 자녀들을 생산한다면 그 자녀들도 믿음의 생활을 열심히 하는 자녀들이 될 것이다.

그런데 저들은 결혼을 할 수가 없다. 카톨릭 교회의 법이 신부와 수녀는 독신으로 살아야 한다고 했기 때문이다. 출산율이 0.0이다. 이는 하나님의 창조의 질서를 거스르는 것이다. 참으로 안타까운 일이 아닐 수가 없다.

필자는 카톨릭 교회의 법을 고쳐서 신부와 수녀들이 결혼을 할 수 있게 해야 한다고 주장하는 것이다. 결혼이 허용됨에도 불구하고 독신으로 산다면 이는 어쩔 수 없는 그들의 선택이다. 그러나 교회법으로 결혼을 허용하지 않기에 저들은 독신으로 살아가야만 하는 것이다.

빠른 시일 안에 카톨릭 교회법이 개정되기를 소망한다. 그리하여 믿음이 있는 신부와 수녀의 자녀들이 믿음의 전통을 이어가는 아름다움이 이어지기를 소망한다.

이 세계를 믿음이 좋은 사람들로 채워가야 한다. 그렇기에 신부와 수녀들의 자손들, 믿음 안에 자라나는 사람들이 많아지게 해야 하는 것이다.

대주교 찰스 시클루나 몰타가 사제 결혼을 허용해야 함을 주장하다(2024년 1월 8일: 인터넷)

몰타 대주교는 현재의 프란치스코 교황의 보좌관직을 맡고 있는 사제다. 그는 2024년 1월 8일 공개적으로 사제 결혼을 허용해야 한다고 주장하고 있다. 사제의 '금욕 원칙'은 교회의 공식적인 교리가 아니어서 교황이 언제든지 이 금욕 규칙을 바꿀 수가 있다는 것이다.

카톨릭에서도 초기 1,000여 년 동안 사제의 결혼은 선택 사항이었다. 그러다가 12세기에 성직자의 '금욕 규칙'이 도입되었다.

몰타 대주교가 주장하기를, 오늘날 알려진 바에 의하면 비밀리에 남녀 간의 감정적 관계를 맺는 사제도 있으며 자녀를 가진 사제도 있다는 것이다. 뿐만 아니라 **2019년 주교회의에서는 아마존 지역에서 기혼자의 사제직 임명을 허용하는 사항을 만장일치로 결의했다는 것이다.** 이때에 바티칸은 사제 결혼 허용에 대한 규칙을 개정하려 했으나 교황의 반대로 무산되고 말았다고 한다.

카톨릭의 대주교가 사제 결혼을 허용해야 한다고 공개적으로 주장하기에 이른 현실을 직시해야 한다. 분명히 사제의 결혼 금지는 교회의 공식적인 교리가 아니라는 것이다. 즉, 성경적인 교리가 아니라는 것이다. 카톨릭은 이 규칙으로 인하여 유능한 사제들을 임명하지 못하고 있다는 것이다. 이는 인위적으로 만든 규칙일 뿐이다.

그러므로 이 시대에는 시대적인 요청에 의하여 사제의 결혼을 허용해야 할 것이다. 이는 하나님의 뜻을 따르는 결정이 될 것이다.

낳고 낳고 낳고

4

───❦───

앞으로 사랑할 대상이 많아진다

모든 것을 바쳐 사랑할 수 있는 대상을 만난 사람의 행복은 다음과 같다.

- 아내: 사랑할 수 있는 대상 / 행복의 극치
- 남편: 사랑할 수 있는 대상 / 구름을 타게 하는 느낌을 주는 대상
- 자녀: 사랑할 수 있는 대상 / 든든함을 주는 자들, 모든 것을 주고도 부족함을 느끼는 대상
- 손·자녀: 사랑할 수 있는 대상 / 자녀 이상의 사랑을 느끼게 하는 대상, 사랑의 진가를 알게 하는 대상, 자신의 후대를 이어가는 대상

자녀의 생산으로 가족이라는 말과 후대를 이어간다는 말이 이루어진다. 엄마, 아빠, 할아버지, 할머니, 손자, 손녀, 외손자, 외손녀들과 어우러져 살아가는 가족 공동체를 이루어가는 것이다. **이는 서로 서로 사랑할 수 있는 대상이 많아지는 것이다. 사람 사는 훈훈함이 풍겨져 나오는 공동체를 만들어가는 것이다.**

낳고 낳고 낳고

낳고 낳고
낳고

09

엄마 아빠가 되는
행복

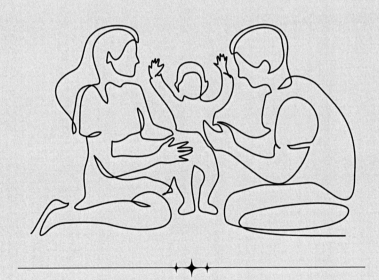

낳고 낳고 낳고

부모가 되는 행복은 그 무엇에도 비할 수
가 없다. 다음 내용을 통해 그 행복에 대
해 알아보도록 하자.

1

우리 아가를 만지는 행복

사람은 자연에 나아가면 만지고 싶은 대상이 많아진다. 푸른 풀들이며, 아름다운 꽃들이며, 탐스러운 열매며, 맛있는 과일이며, 힘차게 솟아나는 새싹들이며, 우뚝 솟은 나무며, 떨어져 뒹굴고 있는 낙엽이며, 황금빛 갈비들(떨어진 솔잎) 등 만지고 싶은 것들이 너무나 많다. 새들은 얼마나 만지고 싶은가? 다람쥐도 만지고 싶다! 딱따구리도 만지고 싶다. 그러나 우리 손에 들어오지 않는다. 만지고 싶으나 만질 수가 없다.

그래서 사람들은 애완용으로 새들을 기른다. 보고 싶고 만지고 싶어서다. 요즘 반려견들을 데리고 다니는 사람들이 얼마나 많은가? 유모차보다도 개모차가 더 많이 판매된다는 기사도 있다. 사람들은 반려견들과 함께 놀고, 그리고 만지면서 산다. 사람은 누구나 그렇다. **귀엽고 아름**

낳고 낳고 낳고

답고 탐스러우면 만지고 싶은 것이다.

그러기에 사랑하는 사람을 만나면 너무나 만지고 싶어하는 것이다. 그 감촉은 그 무엇으로도 바꿀 수가 없는 것이다. 행복의 극치를 느끼게 해주는 것이다.

❖ 자녀를 만지는 기분은 어떠할까?

자신이 애써서 낳은 아가를 만지는 느낌은 어떠할까? 엄마만이 아는 느낌일 것이다. 그 누구도 그 느낌을 알 수 없다. 엄마만이 아는 특별한, 너무나 특별한 느낌인 것이다. **'우리 아가, 우리 아가, 우리 아가'** 부르는 엄마의 그 부름은 세상에서 가장 아름다운 말일 것이다.

아빠도 마찬가지일 것이다. 그 거친 손으로 부드러운 아가를 만지는 아빠의 느낌은 어떠할까! 모든 시름을 잊게 하는 감촉일 것이다. 새로운 힘이 솟아나는 느낌일 것이다. **내일을 힘차게 살아가게 하는 용기를 줄 것이다. '우리 아가'가!**

2

우리 아가 냄새는 환상적이야

소나 말도 자신의 새끼가 태어나면 입으로 새끼의 끈적이는 것들을 다 치워준다. 입으로 깨끗이 새끼를 돌보아준다. 어디 그뿐이랴! 새끼의 냄새로 자신의 새끼들을 다안다고 한다.

어디 엄마뿐이랴. 새끼들도 엄마의 냄새를 안다. 그래서눈을 채 뜨기도 전에 엄마를 찾아낼 수가 있다. 엄마와새끼는 그러한 관계다. 엄마 배 속에서 자라나기 때문에서로를 잘 안다는 것이다.

엄마는 아가의 냄새를 맡는다. 더 이상 좋은 냄새를 어디에서 맡아보랴. 아가의 냄새는 너무나 향기롭다. 정말좋은 냄새가 난다. 엄마가 아니면 맡아볼 수가 없는 향기로운 냄새다. 그 놀랍고도 좋은 냄새를 엄마만 맡을 수가

있는 것이다. 엄마의 특권이다. 그렇게 엄마와 아가는 서로
좋은 느낌으로 출발을 하는 것이다. 창조주의 깊으신 배려
임에 틀림이 없다 할 것이다.

낳고 낳고 낳고

3

아가를 기르는 아내를
바라보는 남편의 느낌

아가를 품에 안고 있는 아내를 바라보는 남편의 마음은 어떠할까? 자신의 아가를 품에 안고 젖을 먹이고 뽀뽀하는 아내는 더 이상 사랑스러울 수가 없을 것이다.

아가가 그저 좋아서 정성으로 돌보는 아내를 바라본다. '그렇게 좋으냐? 그렇게 귀여워? 그렇게 사랑스러워?' 한다. 최고로 사랑스런 아내의 모습을 보고 사는 것이다. 자신들의 2세를 기르는 아내와 남편이 느끼는 진한 사랑의 느낌이다.

그 누구에게서 그러한 사랑의 깊은 느낌을 받을 수가 있을까? 없을 것이다. 자녀를 길러보지 않은 사람은 그러한 느낌을 느낄 수가 없는 것이다.

4

자녀의 짝을 만나는 기쁨

　미래 내 자녀의 짝을 상상해보라. 그 대상이 누구일지를! 내 아들이 사랑하는 아가씨는 과연 어떠한 아가씨일까? 어떠한 품성의, 어떠한 모습의, 어떠한 학교를 나온, 어떠한 가문의, 어떠한 직업을 가진 아가씨인지! 또한 내 딸이 사랑하는 청년은 어떠한 청년일지 등등, 상상해보라. 얼마나 신나는 일인지를!

　그렇다. 미래의 내 자녀의 짝을 생각하면 너무나 신나는 일이다. 그 신나는 일을 기대하자.

낳고 낳고 낳고

5

손주의 짝을 만나는 기쁨

　미래 손주의 짝을 만나는 일을 상상해보라. 얼마나 신나는 일일까? 젊은 두 사람이 조부모 앞에 있는 그림을 상상해보라. 그 얼마나 아름답고 보기 좋은 청년들인가!

　그 청년의 짝이 나의 손자와 그 사랑하는 아가씨, 그리고 나의 손녀와 그 사랑하는 청년이니! 너무나 신나는 일이 아닌가! 필자는 아직 손주의 짝을 만나지 못했다. 그러나 10여 년이 지나면 가능한 일이다. 필자는 기대하고 있다. 이처럼 행복한 날을 말이다!

10

엄마 아빠가 되는 것을
포기하는 슬픔

낳고 낳고 낳고

자녀 생산을 포기하는 것은 나의 행복한 감정을 빼앗기는 일이다.

왜 스스로 자신의 행복한 감정을 빼앗기는 삶을 살아가는 것일까?

성경에서는 **사람이 육신의 생각을 따라서 행동하는 사람과 영의 생각을 따라서 사는 사람을 구별하고 있다.**

> 육신의 생각은 사망이요 영의 생각은 생명과 평안이니라
>
> (The mind of sinful man is death, but the mind controlled by the Spirit is life and peace)
>
> – 로마서 8:6(Romans 8:6)

– 육신의 생각(the mind of sinful man): 위의 말씀을 해석해보면 육신적인 생각은 sinful(죄 있는, 죄 많은) 생각이라는 것이다. 육신적인 생각으로 살면 육신적인 (죄 있는, 죄 많은) 일을 이루게 된다는 것이다. 즉, 사람의 도리를 망각한 채 죄 있고 육신적인 일을 좇아서 살아가게 된다는 것이다. 그 결과 사망의 길을 가게 된다는 것이다.

- 영의 생각(the mind controlled by the spirit): 영(靈)의 생각은 성령(聖靈)의 통제를 받는 생각이라는 것이다. 즉, 죄 있는 육신의 생각이 성령의 통제를 받아서 사람의 도리를 행하면서 살게 된다는 것이다. 그러한 사람의 결과는 생명과 평안이 따라와서 행복한 삶을 살게 된다는 것이다.

1

결혼 포기

청춘의 남녀가 결혼을 포기한다는 것은 슬픈 일이다. **그 이유가 무엇이든지 간에 슬픈 일임에는 틀림이 없다.** 당연히 창조의 질서를 따라 남과 여가 만나서 행복한 감정을 마음껏 누리면서 살아가야 하는 것이다.

아담이 하와를 향하여 무엇이라 고백을 하는가?

이는 내 **뼈** 중의 **뼈요** 살 중의 살이라(This is now bone of my bones and flesh of my flesh)

– 창세기 2:23

이러한 아담의 표현은 인류 최고의 아름다운 시(詩)이며 남자가 여자에게 한 말 중 최고의 아름다운 말인 것이다. 아담에게 하와는 없어서는 안 될 사람인 것이다. 그리하

낳고 낳고 낳고

여 둘은 하나가 되고 사람이 느낄 수 있는 최고의 감정을 느끼면서 살아가게 된 것이다.

아담과 하와가 누리는 그 행복한 감정은 청춘 남녀에게 허락한 하나님의 선물인 것이다. 그 놀라운 행복한 감정을 스스로 포기한다는 것은 너무나 슬픈 일인 것이다.

2

자녀 생산 포기

자녀는 나에게 행복감을 느끼게 하는 존재다. 사람은 누구나 행복한 삶을 살기를 소망하며 그럴 권리가 있다.

나의 행복과 자녀의 태어남에는 분명히 관계가 있다. 보통의 관계가 아니라 깊고 깊은 관계가 있는 것이다.

왜 사람들은 반려견을 기르는 것인가? 그 이유는 반려견이 자신의 삶에 행복감 등을 주기 때문이다.

자녀야말로 사람에게 최고의 행복감을 주는 존재다. 자녀가 주는 행복감은 그 무엇으로도 대신할 수가 없는 것이다. 자녀를 낳아 길러본 사람만이 누릴 수 있는 특권인 것이다. 아이들이 있는 곳에는 웃음이 많다. 웃음꽃이 피어난다. 아이들 때문에 웃는다.

사람은 본능적으로 자녀를 사랑한다. 특히 어머니는 그

낳고 낳고 낳고

러한 본능을 가지고 있다. '여자는 약하나 어머니는 강하다'라는 말이 있다. 어머니가 되면 강해지는 것이다. 본능적으로 강한 힘이 생겨나는 것이다. 그래서 자녀를 넉넉히 기를 수가 있는 것이다.

자녀는 나의 삶에 최고의 선물이다.
자녀는 나의 삶의 의미를 알게 해준다.
자녀는 나를 사랑하게 한다.
자녀는 나를 웃게 한다.
자녀는 부부 사이에 깊은 애정을 갖게 만든다.
자녀는 노후에 나의 든든한 후원자다.

이토록 행복을 주는 자녀를 낳지 못하게 하는 이유는

무엇인가? 그것은 육신적인 생각으로 판단하기 때문이다. 그런데 육신적인 판단은 죄 있는 판단이다.

자녀를 낳지 못하게 하는 이유를 생각하게 만들고, 자신은 자녀를 기를 수 없는 무능한 존재라고 생각하게 만든다.

자신의 아름다움이 손해를 본다고 생각하게 만든다. **여하튼 자녀를 낳지 못하게 하는 이유를 자꾸만 자꾸만 만들어낸다.**

그러나 그 결과는 자녀가 주는, 모든 행복한 마음을 다 빼앗아 가고 만다는 사실이다.

왜 나의 행복을 빼앗아 가는 생각에 순응하는가?

3

손자녀 태어나지 않음

자녀를 낳지 아니하니 손자녀는 태어날 길이 없다. 결국은 나의 대(代)가 끊어질 뿐만 아니라 손주들을 만나는 모든 기쁨과 행복감을 다 빼앗아 가고 마는 것이다.

나의 삶의 영역이 축소되고 마는 것이다. 왜 내가 그러한 슬픈 사람이 되고 마는가?

손주들을 안고 기뻐하는 부모의 권리를 왜 내가 빼앗아야만 하는가?

4

노년의 내 편(偏)이 사라짐

노년에 내 편이 되어줄 사람은 너무나 필요하다. 젊었을 때에야 나의 힘으로, 나의 능력으로 얼마든지 살아갈 수가 있다.

그러나 노년이 되면 나는 그 누군가의 돌봄이 필요하다. 나를 돌보는 사람이 모르는 그 누구보다, 사랑하고 친(親)한 내 편인 자녀의 돌봄이 최고로 좋은 것이다.

이는 물질만이 아니다. 어쩌면 물질보다도 사랑이라는 감정이 더 그리운 것이다. 사람이 그립고, 친(親)한 사람이 그리운 것이다.

그런데 자녀를 낳지 않았기에 노후에 내 편은 사라지고만 것이다. 아예 진정한 나의 편은 없는 것이다.

낳고 낳고 낳고

5

엄마, 아빠라 부르는 소리를
듣지 못한다

'엄마', '아빠'라는 말은 이 세상에서 가장 사랑스러운 말이며 존경스러움이 함축된 말이다. '엄마', '아빠'를 대신할 말이 존재할까?

필자가 아무리 생각해보아도 '엄마', '아빠'를 대신할 단어는 없다.

'엄마' 하면 눈물이 나는데 그 어떠한 말 한마디로 나로 하여금 눈물을 흘리게 할 수 있을까? '엄마' 하면 마음에 깊이 감동이 오는데 그 어떠한 말 한마디가 나에게 그 깊은 감동을 줄 수가 있을까? 그러한 단어는 이 세상에 사람의 말에는 존재하지 않는다.

'엄마', 그 고상한 말… 누구에게서 들을 것인가요?
'아빠', 그 신비한 말… 누구에게서 들을 것인가요?

자녀가 태어나지 아니하면, 그 고상한 '엄마'의 호칭은 들을 수가 없다. 그 신비한 '아빠'의 호칭은 들을 수가 없다.

　자녀가 태어나지 아니한 사람에게는 그 누구도 그 사람을 향하여 '엄마', '아빠'라 부르지 않는다. 그 고상하고 신비한 말을 들을 수가 없는 것이다.
　스스로가 차버린 호칭이다.

낳고 낳고
낳고

11

극복의 길

낳고 낳고 낳고

이와 같은 세태를 극복하기 위해서는 어떻게 해야 하는가? 죄 있는, 육신적인 생각에서 벗어나야 한다. 하나님의 뜻에 따라 의무와 책임을 다해야 한다.

이어지는 내용을 통해 자세히 알아보자.

1

우리 사랑의 결실을 맺자

'우리 두 사람 이리도 사랑하여 결혼을 하고 사랑을 하였는데, 우리 무언가를 남겨야 하지 않을까' 생각해보라.

그렇지 않은가! 우리가 참으로 사랑하여 하나가 되었는데 어찌 아무런 결실이 없다는 말인가? **결실을 남기자! 우리가 생명으로 이 땅에 왔으니 우리도 생명을 남기자.**

생명을 남기는 것, 그 얼마나 아름다우랴!

우리 사랑의 결실을 남기자.

우리 생명으로 이 땅에 왔으니 우리도 이 땅에 생명을 남기자.

낳고 낳고 낳고

2

─── ◎◈◉ ───

육신의 욕심에서 벗어나자

다시 한번 더 자녀를 생산할 수 있는 길을 생각해보자!

먼저 죄 있는 육신적인 생각(the mind of sinful nature)에서 벗어나자. 그리하기 위해 영의 생각을 따르자. **영의 생각(the mind controlled by the Spirit)은 나 홀로의 생각이 아니라, 나보다 더 큰 분의 통제를 받는 내가 되는 것이다.** 그 길이야말로 내가 생명과 평안의 길을 가는 길임을 확신하자.

나 혼자만의 생각으로 자녀 생산을 멈추는 길은 사망의 길임을 한 번 더 깊이 생각하자. 그래서 그 사망의 길에서 벗어나자.

> 육신의 생각은 사망이요 영의 생각은 생명과 평안이니라
>
> (The mind of sinful man is death, but the mind controlled by the Spirit is life and peace)
>
> – 로마서 8:6(Romans 8:6)

전에는 우리도 다 그 가운데서 우리 육체의 욕심을 따라

지내며 육체의 마음의 원하는 것을 하여 다른 이들과 같이

본질상 진노의 자녀이었더니(All of us also lived among them

at one time. gratifying by the cravings of our sinful nature and

following its desires and thought. Like the rest, we were   by

nature objects of wrath)

- 에베소서 2:3(Ephesians 2:3)

육체를 가진 사람은 육체의 욕심을 따르고 육체의 마음의 욕심을 따라서 살면 그 결국은 하나님의 진노의 자녀가 되고 만다는 것이다. 그렇기에 그 결국은 사망의 길을 가고 마는 것이다. 왜 자녀를 낳지 않으려 하는 것인가?

그 이유는 육체의 욕심과 육체의 생각을 따르기 때문이다. 사람은 자신의 육체의 욕심과 생각이 그 무엇인가의 통제를 받아야만 한다. 그래야만 육체의 욕심대로만 살지 아니하고 사람의 도리(道理)를 따르면서 살 수가 있다.

- 기독교 하나님의 통제를 받자.
- 선조에 대한 의무를 행하자.

낳고 낳고 낳고

– 부모와 상의하자.

– 사람의 도리(道理)를 따르자.

자녀 생산의 뜻을 다시 품고 나의 대(代)를 이어가자.

PART 2

정책과
운영

01

정책

낳고 낳고 낳고

저출산 해결을 위해서는 정부가 보다 더 다각도로 접근하며 정책을 시행해야 한다. 특히 경제적인 지원은 필수다. 이에 대해 다음과 같이 제언한다.

1

정부의 지원 정책

  정부와 지자체 등 유관기관에서 다양한 정책이 제시되고 있다. 이는 대체로 자녀가 태어나는 것에 대한 지원책이다.

  1년 정부 예산이 2024년 기준 15조 4,000억 원이다. 이는 2023년 3월 28일 윤석열 대통령이 주재한 '제1차 저출산 고령사회 위원회'에서 준비한 정책을 기조로 하여 책정된 예산이다.
  2024년의 목표 '출산과 육아가 행복한 선택이 되는 나라'를 표어로 저출산 5대 핵심 과제를 정했다.

  – 돌봄과 교육: 1조 3,245억 원 / 23.9% 상승
  – 일, 육아 병행: 2조 1,531억 원 / 18.8% 상승

- 가족 친화 주거: 8조 9,723억 원 / 30.3% 상승
  - 양육비 부담 경감: 2조 8,887억 원 / 78.1% 상승
  - 건강: 504억 원 / 1,700% 상승

기존의 아동수당, 첫 만남 이용권 등은 포함되지 않은 예산이다. 육아휴직도 기존의 12개월에서 18개월로 연장되었다. 이상의 정부 예산 등은 저출산 정책에서 반드시 필요한 정책이다.

2

——— ❦ ———

직업에 대한 보증

다자녀 가장의 직업을 보증하는 정책을 도입해야 한다.

대기업, 정부기관 등에서 다자녀(3명 이상)를 가진 가장의 직장을 보장해주어야 한다. 정부의 지원도 중요하지만, 더욱더 중요한 것은 가장의 직업이 보장됨으로써 자녀를 기르는 데 불안감이 사라지게 하는 것이다. 2자녀가 있는 가정에서 직장이 안정되면 1~2자녀를 더 낳을 수도 있을 것이다.

- 다자녀 가장에게 정년을 보장한다.
- 회사에서 명예퇴직 등을 시행할 때 다자녀 가장은 후순위로 한다.

3

취업 시 가산점을 주어라

저출산의 문제는 나라 장래의 심각한 문제다. 가능한 모든 수단을 동원하여 출산율을 높여야 한다. 그러므로 **공무원, 정부기관 등 정부가 할 수 있는 기관에서의 시험 등에서 2명 이상의 자녀를 둔 부모에게는 가산점을 줄 수 있게 해야 한다.**

이러한 제도를 회사 등에서도 도입할 수 있게끔 분위기를 조성해서 입사 시험 등에도 가산점을 줄 수가 있어야 할 것이다.

02

운영

낳고 낳고 낳고

저출산 문제를 해결하기 위한 단체는 어떠한 방식으로 운영되어야 할지, 필자의 제언을 살펴보도록 하자.

1

비영리 단체로 운영하고
운영위원회를 둔다

이는 필자의 소망일 뿐이다. 다양한 운영 체계가 있을 수 있다. 필자는 그저 출산율을 높이기 위한 대안을 제시하는 것이다. 비영리 단체로 운영하며 운영위원회를 둔다.

2

—— ◎◎◎◎ ——

강사들을 기른다

　기본적으로 출산의 필요성을 강조하여야 하기에 강사들
이 다수 필요하다. 중·고등학교, 대학, 군대, 회사, 교회
등 다수 인원이 모이는 곳에 강사를 파송한다. 강사비를
받지 않음으로써 강사 사용이 용이하게 해준다.

3

예산

   강사의 숫자에 따라 예산이 달라질 것이지만 우선 100명의 강사를 모집하여 운영한다고 가정한다.

   강사들은 국가의 중요한 문제를 위하여 봉사한다는 사명감으로 일해야 한다. 그러므로 강사의 급료는 최소한으로 지급함을 원칙으로 한다.

   예를 들어 정부 지원, 기증 등으로 100억 원의 예산을 받으면 약 3년을 운영할 수 있다.

   강사 1인당 급료 월 100~400만 원(1회 강연비 20만 원: 계약직이므로 다른 비용 절감함) 개최지에서는 강사비는 받지 않으며 최소한의 교통비만 받는다. 1회 교통비도 5만 원을 넘지 않는 방향으로 한다. 이는 지역(시·도)마다 강사들이 있어야만 가능하다.

낳고 낳고 낳고

- 평균 250만 원 × 12개월 × 100명 = 30억 원(1년)
- 사무원 및 사무실 운영비: 연 2억 원
- 1년 운영비: 32억 원
- 기타 운영비(3년): 4억 원
- 총 경비(3년): 100억 원

1~2년 정도 운영해보면 그 효과를 알 수 있을 것으로 추정한다. 1~2년 운영 후에 전체운영위원회에서 다시 계획하여 추후 운영을 결정한다.

4

강사의 자격

- 다자녀(2명 이상)를 가진 주부와 은퇴 가장 등
- 경력 단절 여성을 중심으로 모집
- 1~2년 운영 후에 더 많은 강사가 필요할 수도 있다.
- 강사의 숫자가 1,000명 이상이 되기를 바람(이 경우 정
  부 지원금과 후원금이 충당될 경우 강사 추가 모집, 중학교 2~3
  학년 이상 학생들에게 연 2회 이상 강연을 할 수 있게 해야 함)
- 강연 후 설문지로 반응을 알아본다.
- 지속적으로 강연을 들음으로써 자연스럽게 자녀 생
  산의 필요성이 스며들게 해야 한다.

낳고 낳고 낳고

일본의 오카야마 현 나기초 시는 출산율이 2.95명(2019년, 일본 합계 출산율 1.39명)이다.

이 시에서는 출산율이 기적적으로 반등을 했다고 한다. 이 시의 저출산 대책이 10년이 지나서야 성과가 나타났다고 한다.

이는 장기적인 정책이 필요함을 말해주고 있다.

5

특별 강사 초청

　유명 연예인들, 셀럽들을 초청하여 나라 안에 '낳고 낳고 낳고'에 대한 분위기를 띄운다.

　드라마 '대장금'의 주인공 이○○ 같은 연예인은 결혼도 했으며 자녀도 낳아서 기른 사람이다. 그러니까 연예인들 중에서도 결혼을 하고 자녀를 낳은 사람들을 초청하는 것이다.

　「노사연, 이하늬, 김별아가 '출산 전도사'가 된 이유」라는 기사가 실렸다. 이들은 아이를 낳아야 하는 이유를 다음과 같이 전하고 있다.

　'아이 낳고 키우는 것 힘들지만 그 속에 크나큰 기쁨이 있다.'

　'안 낳았으면 여유 누리겠지만 수많은 숭고한 진실 몰랐을 것.'

'눈망울을 보고 있으면 내 목숨까지 주고 싶은, 그런 사랑이 흐를 수 있는 게 자식.'

'출산 후 인간으로서도 배우로서도 마음가짐이 달라졌다.'

'아이가 내게 가르쳐준 것들은 훨씬 많고 소중했다.'

세상의 부모들은 말한다. '너도 아이를 낳고 길러보면 부모의 마음을 알게 될 것이다'라고.

자녀를 낳았기에, 소중한 체험을 했기에 저들도 분명히 적극적으로 강연에 나서줄 것이라 기대한다.

이들도 분명히 나라를 위한 길이기에 '재능 기부'에 동참할 것이다. 중앙과 지방을 두루 다니며 강연을 할 수 있게 해야 한다.

맺는말

    필자가 이 책을 쓰게 된 계기는 출산율 저하라는 제하의 뉴스들을 접하면서 시작한 기도였다. 어찌해야 하는 것인가, 왜 이리 되는 것인가 등을 고민하면서 지내왔다.

    그러던 중 2023년 8월 17일 새벽에 꿈인 듯 생시인 듯 글자가 떠오르기 시작했다. 그것은 '낳고 낳고 낳고'라는 글자였다. 필자는 그 글자가 성경에 있는 글자임을 연상하게 되었으며 성경을 펼쳐놓고 생각하게 되었다.

    필자는 이 책의 쓰여짐이 '창조주 하나님'께로부터 시작되었기를 소망한다. 그렇다면 하나님께서 우리나라의 출산율을 높여주실 계획이시기 때문이다. 분명히 필자는 그리 믿고 기도하고 있다.

낳고 낳고 낳고

아무튼 이 책을 읽는 독자들이 마음에 감동을 받아서 자녀 출산에 적극적으로 임하기를 기대한다. 또한 출산율이 0.7에서 1.4로, 그리고 2.1로 높아지기를 소망하면서 글을 마친다. 할렐루야!

김두태